Konkursordnung

für das Deutsche Reich

vom 10. Februar 1877.

In der Fassung der Bekanntmachung vom 20. Mai 1898

mit 21 Nebengesetzen.

Textausgabe mit Verweisungen und ausführl. Sachregister.

1911.

München und Berlin.

J. Schweitzer Verlag (Arthur Sellier).

Vorbemerkung.

Die Verweisungen bei den einzelnen Paragraphen sowie die Auswahl der im Anhang wiedergegebenen Reichsgesetze erheben nicht den Anspruch auf Vollständigkeit, sondern wollen nur das Typische, für den täglichen Gebrauch Unentbehrliche hervorheben. Die Verweisungen machen naturgemäß überall da halt, wo es sich um bestrittene Fragen handelt, oder wo zum Verständnis eingehendere Erläuterungen nötig wären.

Von einem Abdruck der konkursrechtlichen Bestimmungen des BGB. und der ZPO. im Anhang wurde abgesehen, nachdem diese Gesetze ohnehin jedermann zugänglich sind; ebenso wurden hier aus dem HGB. nur die einschlägigen Paragraphen des Handelsgesellschaftsrechts berücksichtigt. Die Zusammenstellung unter XXII hebt die wichtigsten Bestimmungen über die staatsbürgerliche Stellung des Gemeinschuldners hervor.

Inhalts-Übersicht.

I. Konkursordnung.

Anhang.

Die wichtigsten konkursrechtlichen Bestimmungen aus sonstigen Reichsgesetzen.

Verzeichnis der Abkürzungen.

AnfG.	=	Anfechtungsgesetz.
BankG.	=	Bankgesetz.
BauFG.	=	Bauforderungsgesetz.
BGB.	=	Bürgerliches Gesetzbuch.
BörsenG.	=	Börsengesetz.
DepotG.	=	Depotgesetz.
EG.	=	Einführungsgesetz.
FGG.	=	Gesetz über die Angelegenheiten der freiwilligen Gerichtsbarkeit.
GBO.	=	Grundbuchordnung.
GenG.	=	Genossenschaftsgesetz.
GewO.	=	Gewerbeordnung.
GGG.	=	Gewerbegerichtsgesetz.
GKG.	=	Gerichtskostengesetz.
GmbHG.	=	Gesetz, betr. die Gesellschaften mit beschränkter Haftung.
GVG.	=	Gerichtsverfassungsgesetz.
HGB.	=	Handelsgesetzbuch.
HypBankG.	=	Hypothekenbankgesetz.
KGG.	=	Kaufmannsgerichtsgesetz.
KO.	=	Konkursordnung.
KonsGG.	=	Konsulargerichtsbarkeitsgesetz.
PatAnwG.	=	Patentanwaltsgesetz.
PostG.	=	Postgesetz.
RAO.	=	Rechtsanwaltsordnung.
RAGO.	=	Rechtsanwaltsgebührenordnung.
RBG.	=	Reichsbeamtengesetz.
SchuldverschrG.	=	Schuldverschreibungsgesetz.
SchutzgebG.	=	Schutzgebietsgesetz.
TelG.	=	Telegraphengesetz.

VAG. . . . . . = Gesetz über die privaten Versicherungsunternehmungen (Versicherungsaufsichtsgesetz).
VerlG. . . . . = Verlagsgesetz.
VVG. . . . . . = Versicherungsvertragsgesetz.
WO. . . . . . = Wechselordnung.
ZPO. . . . . . = Zivilprozeßordnung.
ZVG. . . . . . = Zwangsversteigerungsgesetz.

Bei der Konkursordnung sind die Paragraphenziffern der älteren Fassung sowie der durch das Abänderungsgesetz vom 17. Mai 1898 eingeschobenen Paragraphen in Klammern am linken unteren Rande angegeben. Der Beisatz „Nov. 98“ weist auf eine Abänderung der alten Fassung bzw. Neueinschaltung durch das „Gesetz, betr. Änderungen der Konkursordnung, vom 17. Mai 1898“ oder durch das „Einführungsgesetz zu dem Gesetze, betr. Änderungen der Konkursordnung, vom 17. Mai 1898“ hin.

I. Konkursordnung

vom 10. Februar 1877,

in der Fassung der Bekanntmachung vom 20. Mai 1898.

Erstes Buch.

Konkursrecht.

Erster Titel.

Allgemeine Bestimmungen.

§ 1. Das Konkursverfahren umfaßt das gesamte, einer Zwangsvollstreckung unterliegende Vermögen[1]) des Gemeinschuldners, welches ihm zur Zeit der Eröffnung[2]) des Verfahrens gehört (Konkursmasse).

Die im § 811 Nr. 4, 9 der Zivilprozeßordnung und im § 20 des Gesetzes über das Postwesen des Deutschen Reichs vom 28. Oktober 1871 vorgesehenen Beschränkungen kommen im Konkursverfahren nicht zur Anwendung.

Zur Konkursmasse gehören auch die Geschäftsbücher[3]) des Gemeinschuldners.

Gegenstände, die nicht gepfändet werden sollen,[4]) gehören nicht zur Konkursmasse.

(§ 1). Abs. 3—4 Nov. 98, früherer Abs. 2 gestr. Nov. 98.

[1]) Vgl. ZPO. §§ 811 Nr. 1—3, 5—8, 10—13 ff., 850 ff., 864 ff. und Erweiterungen. [2]) § 108. [3]) Vgl. §§ 117 Abs. 2, 122 Abs. 2. [4]) ZPO. § 812.

§ 2. Wird bei dem Güterstande der allgemeinen Gütergemeinschaft,[1]) der Errungenschaftsgemeinschaft[2]) oder der Fahrnisgemeinschaft[3]) das Konkursverfahren über das Vermögen des Ehemanns eröffnet, so gehört das

Gesamtgut[4]) zur Konkursmasse; eine Auseinandersetzung wegen des Gesamtguts zwischen den Ehegatten findet nicht statt.

Durch das Konkursverfahren über das Vermögen der Ehefrau wird das Gesamtgut nicht berührt.

Diese Vorschriften finden bei der fortgesetzten Gütergemeinschaft[5]) mit der Maßgabe Anwendung, daß an die Stelle des Ehemanns der überlebende Ehegatte, an die Stelle der Ehefrau die Abkömmlinge treten.

(§ 1a). Nov. 98. [1]) BGB. §§ 1437 ff. [2]) BGB. §§ 1519 ff. [3]) BGB. §§ 1549 ff. [4]) BGB. §§ 1438, 1519, 1549. [5]) BGB. §§ 1483 ff., 1557.

§ 3. Die Konkursmasse dient zur gemeinschaftlichen Befriedigung aller persönlichen Gläubiger, welche einen zur Zeit der Eröffnung des Verfahrens[1]) begründeten Vermögensanspruch an den Gemeinschuldner haben (Konkursgläubiger).[2])

Unterhaltungsansprüche, die nach den §§ 1351, 1360, 1361, 1578—1583, 1586, 1601—1615, 1708—1714 des Bürgerlichen Gesetzbuchs gegen den Gemeinschuldner begründet sind, sowie die sich aus den §§ 1715, 1716 des Bürgerlichen Gesetzbuchs ergebenden Ansprüche können für die Zukunft nur geltend gemacht werden, soweit der Gemeinschuldner als Erbe des Verpflichteten haftet.[3])

(§ 2). Abs. 2 Nov. 98. [1]) § 108. [2]) Vgl. §§ 27, 28, 226 (Nachlaßkonkurs), 236 (Konkurs über das Gesamtgut der fortgesetzten Gütergemeinschaft). [3]) BGB. §§ 1351, 1582, 1586, 1712, 1715.

§ 4. Ein Anspruch auf abgesonderte Befriedigung aus Gegenständen, welche zur Konkursmasse[1]) gehören, kann nur in den von diesem Gesetze zugelassenen Fällen[2]) geltend gemacht werden.

Die abgesonderte Befriedigung erfolgt unabhängig vom Konkursverfahren.

(§ 3). [1]) §§ 1, 2. [2]) §§ 47—52, 221, 236, EG. KO. §§ 11—13 (Übergangsvorschriften); vgl. auch BVG. § 157, GewO. § 85.

§ 5. Ausländische Gläubiger stehen den inländischen gleich.

Unter Zustimmung des Bundesrats kann durch Anordnung des Reichskanzlers bestimmt werden, daß gegen einen ausländischen Staat, sowie dessen Angehörige und ihre Rechtsnachfolger ein Vergeltungsrecht zur Anwendung gebracht wird.

(§ 4). Abs. 2 Nov. 98.

§ 6. Mit der Eröffnung des Verfahrens[1]) verliert der Gemeinschuldner die Befugnis, sein zur Konkursmasse[2]) gehöriges Vermögen zu verwalten und über dasselbe zu verfügen.

Das Verwaltungs- und Verfügungsrecht wird durch einen Konkursverwalter ausgeübt.

(§ 5). [1]) § 108. [2]) §§ 1, 2.

§ 7. Rechtshandlungen, welche der Gemeinschuldner nach der Eröffnung des Verfahrens vorgenommen hat, sind den Konkursgläubigern[1]) gegenüber unwirksam; die Vorschriften der §§ 892, 893 des Bürgerlichen Gesetzbuchs bleiben unberührt.

Dem anderen Teile ist die Gegenleistung aus der Masse zurückzugewähren, soweit letztere durch dieselbe bereichert ist.[2])

Hat der Gemeinschuldner Rechtshandlungen am Tage der Eröffnung[3]) des Verfahrens vorgenommen, so wird vermutet, daß sie nach der Eröffnung vorgenommen worden sind.

(§ 6) Abs. 1 Nov. 98. [1]) §§ 3, 61 ff. [2]) § 59 Nr. 3, BGB. §§ 818 ff. [3]) § 108.

§ 8. Eine Leistung, welche auf eine zur Konkursmasse zu erfüllende Verbindlichkeit nach der Eröffnung des Verfahrens an den Gemeinschuldner erfolgt ist, befreit den Erfüllenden den Konkursgläubigern gegenüber nur insoweit, als das Geleistete in die Konkursmasse[1]) gekommen ist.

War die Leistung vor der öffentlichen Bekanntmachung der Eröffnung[2]) erfolgt, so ist der Erfüllende befreit, wenn nicht bewiesen wird, daß ihm zur Zeit der Leistung die Eröffnung des Verfahrens bekannt war.

War die Leistung nach der öffentlichen Bekanntmachung erfolgt, so wird der Erfüllende befreit, wenn er beweist, daß ihm zur Zeit der Leistung die Eröffnung des Verfahrens nicht bekannt war.

(§ 7). [1]) §§ 1, 2. [2]) § 111.

§ 9. Die Annahme[1]) oder Ausschlagung[2]) einer vor der Eröffnung des Verfahrens dem Gemeinschuldner angefallenen[3]) Erbschaft, sowie eines vor diesem Zeitpunkte dem Gemeinschuldner angefallenen Vermächtnisses[4]) steht nur dem Gemeinschuldner zu. Das Gleiche gilt von der Ablehnung[5]) der fortgesetzten Gütergemeinschaft

(§ 7a) Nov. 98. [1]) BGB. § 1943. [2]) BGB. § 1945. [3]) BGB. § 1942. [4]) BGB. §§ 1939, 2147 ff., 2176. [5]) BGB. § 1484.

§ 10. Rechtsstreitigkeiten uber das zur Konkursmasse gehörige Vermögen,[1]) welche zur Zeit der Eröffnung des Verfahrens[2]) für den Gemeinschuldner anhängig[3]) sind, können in der Lage, in welcher sie sich befinden, von dem Konkursverwalter aufgenommen[4]) werden. Wird die Aufnahme verzögert, so kommen die Bestimmungen des § 239 der Zivilprozeßordnung zur entsprechenden Anwendung.

Lehnt der Verwalter die Aufnahme des Rechtsstreits ab,[5]) so kann sowohl der Gemeinschuldner als der Gegner denselben aufnehmen

(§ 8) [1]) §§ 1, 2 [2]) § 108. [3]) ZPO §§ 263, 693. [4]) ZPO § 240 [5]) Vgl KO §§ 133 Nr 2, 136.

§ 11. Rechtsstreitigkeiten, welche gegen den Gemeinschuldner anhängig und auf Aussonderung[1] eines Gegenstandes aus der Konkursmasse oder auf abgesonderte Befriedigung[2]) gerichtet sind oder einen Anspruch betreffen, welcher als Masseschuld[3]) zu erachten ist, können sowohl von dem Konkursverwalter als von dem Gegner aufgenommen werden

Erkennt der Verwalter den Anspruch sofort an,[4]) so fallen ihm die Prozeßkosten[5]) nicht zur Last.

(§ 9) [1]) §§ 43—46. [2]) §§ 4, 47—52, 221, 236 [3]) §§ 57, 59, 224, 236. [4]) Vgl. ZPO § 307, KO §§ 133 Nr. 2, 136. [5]) ZPO §§ 91 ff

§ 12. Konkursgläubiger[1]) können ihre Forderungen auf Sicherstellung oder Befriedigung aus der Konkursmasse nur nach Maßgabe der Vorschriften für das Konkursverfahren verfolgen.

(§ 10). [1]) § 8.

§ 13. Ein gegen den Gemeinschuldner bestehendes Veräußerungsverbot der in den §§ 135, 136 des Bürgerlichen Gesetzbuchs bezeichneten Art ist den Konkursgläubigern gegenüber unwirksam; wirksam bleibt jedoch eine bei der Zwangsvollstreckung in das unbewegliche Vermögen[1]) erfolgte Beschlagnahme.[2])

(§ 10a). Nov. 98. [1]) ZPO. §§ 864 ff. [2]) ZVG. §§ 20, 246, 262.

§ 14. Während der Dauer[1]) des Konkursverfahrens finden Arreste[2]) und Zwangsvollstreckungen zugunsten einzelner Konkursgläubiger weder in das zur Konkursmasse gehörige,[3]) noch in das sonstige Vermögen des Gemeinschuldners statt.

In Ansehung der zur Konkursmasse gehörigen Grundstücke, sowie der für den Gemeinschuldner eingetragenen Rechte an Grundstücken oder an eingetragenen Rechten kann während der Dauer des Konkursverfahrens eine Vormerkung[4]) auf Grund einer einstweiligen Verfügung[5]) zugunsten einzelner Konkursgläubiger nicht eingetragen werden.[6]) Das Gleiche gilt von der Eintragung einer Vormerkung in Ansehung eines Schiffspfandrechts.[7])

(§ 11). Abs. 2 Nov. 98. [1]) §§ 108; 163, 190, 202 ff., 116. [2]) ZPO. §§ 916 ff. [3]) §§ 1, 2. [4]) BGB. § 883. [5]) ZPO. §§ 935 ff., BGB. § 885. [6]) Vgl. § 221 Abs. 2 (Nachlaßkonkurs). [7]) BGB. §§ 1259 ff.

§ 15. Rechte an den zur Konkursmasse gehörigen Gegenständen,[1]) sowie Vorzugsrechte und Zurückbehaltungsrechte[2]) in Ansehung solcher Gegenstände können nach der Eröffnung des Verfahrens[3]) nicht mit Wirksamkeit gegenüber den Konkursgläubigern erworben werden, auch wenn der Erwerb nicht auf einer Rechtshandlung[4]) des Gemeinschuldners beruht. Die Vorschriften der §§ 878, 892, 893 und des § 1260 Abs. 1 des Bürgerlichen Gesetzbuchs bleiben unberührt.

(§ 12). Nov. 98. [1]) §§ 1, 2. [2]) BGB. §§ 273, 1000; HGB. §§ 369 ff. [3]) § 108. [4]) § 7 Abs. 1.

§ 16. Befindet sich der Gemeinschuldner mit Dritten in einem Miteigentume,[1]) in einer Gesellschaft[2]) oder in einer anderen Gemeinschaft, so erfolgt die Teilung oder sonstige Auseinandersetzung außerhalb des Konkursverfahrens.

Eine Vereinbarung, durch welche bei einer Gemeinschaft nach Bruchteilen[3]) das Recht, die Aufhebung der Gemeinschaft zu verlangen,[4]) für immer oder auf Zeit ausgeschlossen oder eine Kündigungsfrist bestimmt worden ist, wirkt nicht gegen die Konkursmasse. Das Gleiche gilt von einer Anordnung dieses Inhalts,[5]) die ein Erblasser für die Gemeinschaft seiner Erben[6]) getroffen hat.

(§ 14). Abs. 2 Nov. 98. [1]) BGB. §§ 1008 ff. [2]) BGB. §§ 705 ff. [3]) BGB. §§ 741 ff. [4]) BGB. § 749. [5]) BGB. § 2044. [6]) BGB. §§ 2032 ff.

Zweiter Titel.

Erfüllung der Rechtsgeschäfte.

§ 17. Wenn ein zweiseitiger Vertrag[1]) zur Zeit der Eröffnung des Konkursverfahrens[2]) von dem Gemeinschuldner und von dem anderen Teile nicht oder nicht vollständig erfüllt[3]) ist, so kann der Konkursverwalter an Stelle des Gemeinschuldners den Vertrag erfüllen und die Erfüllung von dem anderen Teile verlangen.[4])

Der Verwalter muß auf Erfordern des anderen Teils, auch wenn die Erfüllungszeit[5]) noch nicht eingetreten ist, demselben ohne Verzug erklären, ob er die Erfüllung verlangen will. Unterläßt er dies, so kann er auf der Erfüllung nicht bestehen.

(§ 15). [1]) BGB. §§ 320 ff. [2]) § 108. [3]) BGB. §§ 362 ff. [4]) Vgl. §§ 133 Nr. 2, 136. [5]) BGB. § 271.

§ 18. War die Lieferung von Waren, welche einen Markt- oder Börsenpreis haben, genau zu einer festbestimmten Zeit oder binnen einer festbestimmten Frist[1]) bedungen, und tritt die Zeit oder der Ablauf der Frist erst nach der Eröffnung des Verfahrens[2]) ein, so kann nicht die Erfüllung verlangt, sondern nur eine Forderung wegen Nichterfüllung geltend gemacht werden.

Der Betrag dieser Forderung bestimmt sich durch den Unterschied zwischen dem Kaufpreise und demjenigen Markt- oder Börsenpreise, welcher an dem Orte der Erfüllung[3]) oder an dem für denselben maßgebenden Handelsplatze sich für die am zweiten Werktage nach der Eröffnung des Verfahrens mit der bedungenen Erfüllungszeit geschlossenen Geschäfte ergibt.

Ist ein solcher Markt- oder Börsenpreis nicht zu ermitteln, so findet die Bestimmung des ersten Absatzes keine Anwendung.

(§ 16). [1]) Vgl. BGB. § 361. [2]) § 108. [3]) BGB. § 269.

§ 19. War dem Gemeinschuldner ein von ihm gemieteter[1]) oder gepachteter[2]) Gegenstand vor der Eröffnung des Verfahrens[3]) überlassen, so kann sowohl der andere Teil als der Verwalter das Miet- oder Pachtverhältnis kündigen. Die Kündigungsfrist ist, falls nicht eine kürzere Frist bedungen war, die gesetzliche.[4]) Kündigt der Verwalter, so ist der andere Teil berechtigt, Ersatz des ihm durch die Aufhebung des Vertrags entstehenden Schadens zu verlangen.

(§ 17). Nov. 98 [1]) BGB. §§ 535 ff. [2]) BGB. §§ 581 ff. [3]) § 108. [4]) BGB. §§ 565, 580, 581, 595.

§ 20. War dem Gemeinschuldner ein von ihm gemieteter oder gepachteter Gegenstand zur Zeit der Eröffnung des Verfahrens noch nicht überlassen, so kann der andere Teil von dem Vertrage zurücktreten.[1])

Auf Erfordern des Verwalters muß der andere Teil demselben ohne Verzug erklären, ob er von dem Vertrage zurücktreten will. Unterläßt er dies, so kommen die Bestimmungen des § 17 zur Anwendung.

(§ 18). Nov. 98. [1]) Vgl. BGB. §§ 327, 346 ff.

§ 21. Hatte der Gemeinschuldner einen von ihm vermieteten oder verpachteten Gegenstand dem Mieter oder dem Pächter vor der Eröffnung des Verfahrens überlassen, so ist der Miet- oder Pachtvertrag auch der Konkursmasse gegenüber wirksam.

Im Falle der Vermietung oder der Verpachtung eines Grundstücks, sowie im Falle der Vermietung von Wohnräumen oder anderen Räumen[1]) ist jedoch eine Verfügung, die der Gemeinschuldner vor der Eröffnung des Verfahrens[2]) über den auf die spätere Zeit entfallenden Miet- oder Pachtzins[3]) getroffen hat, insbesondere die Einziehung des Miet- oder Pachtzinses, der Konkursmasse gegenüber nur insoweit wirksam, als sich die Verfügung auf den Miet- oder Pachtzins für das zur Zeit der Eröffnung des Verfahrens laufende und das folgende Kalendervierteljahr bezieht. Soweit die Entrichtung des Miet- oder Pachtzinses der Konkursmasse gegenüber wirksam ist, kann der Mieter oder der Pächter gegen die Miet- oder Pachtzinsforderung der Konkursmasse eine ihm gegen den Gemeinschuldner zustehende Forderung aufrechnen.[4])

Eine von dem Konkursverwalter vorgenommene freiwillige Veräußerung des von dem Gemeinschuldner vermieteten oder verpachteten Grundstücks wirkt, sofern das Grundstück dem Mieter oder dem Pächter vor der Eröffnung des Verfahrens überlassen war, auf das Miet- oder Pachtverhältnis wie eine Zwangsversteigerung.[5])

(§ 18a). Nov. 98. [1]) BGB. § 580. [2]) § 108. [3]) BGB. §§ 535, 581. [4]) §§ 53 ff. [5]) ZVG. § 57.

§ 22. Ein in dem Haushalte, Wirtschaftsbetriebe oder Erwerbsgeschäfte des Gemeinschuldners angetretenes Dienstverhältnis kann von jedem Teile gekündigt werden. Die Kündigungsfrist ist, falls nicht eine kürzere Frist bedungen war, die gesetzliche.

Kündigt der Verwalter, so ist der andere Teil berechtigt, Ersatz des ihm durch die Aufhebung des Dienstverhältnisses entstehenden Schadens zu verlangen.

(§ 19). Nov. 98.

§ 23. Ein von dem Gemeinschuldner erteilter Auftrag[1]) erlischt durch die Eröffnung des Verfahrens, es sei denn, daß der Auftrag sich nicht auf das zur Konkursmasse gehörige Vermögen[2]) bezieht. Erlischt der Auftrag, so finden die Vorschriften des § 672 Satz 2 und des § 674 des Bürgerlichen Gesetzbuchs entsprechende Anwendung.

Das Gleiche gilt, wenn sich jemand durch einen Dienstvertrag[3]) oder einen Werkvertrag[4]) verpflichtet hat, ein ihm von dem Gemeinschuldner übertragenes Geschäft für diesen zu besorgen.

(§ 19a). Nov. 98. [1]) BGB. §§ 662 ff. [2]) §§ 1, 2. [3]) BGB. §§ 611 ff., 675. [4]) BGB. §§ 631 ff., 675.

§ 24. Ist zur Sicherung eines Anspruchs auf Einräumung oder Aufhebung eines Rechts an einem Grundstücke des Gemeinschuldners oder an einem für den Gemeinschuldner eingetragenen Rechte oder zur Sicherung eines Anspruchs auf Änderung des Inhalts oder des Ranges eines solchen Rechts eine Vormerkung[1]) im Grundbuch eingetragen, so kann der Gläubiger von dem Konkursverwalter die Befriedigung seines Anspruchs verlangen. Das Gleiche gilt, wenn in Ansehung eines Schiffspfandrechts[2]) eine Vormerkung im Schiffsregister eingetragen ist.[3])

(§ 19b). Nov. 98.

[1]) BGB. § 883. [2]) BGB. §§ 1259 ff.
[3]) Vgl. § 221 Abs. 2 (Nachlaßkonkurs).

§ 25. Soweit rücksichtlich einzelner, durch die §§ 18 bis 24 nicht betroffener Rechtsverhältnisse das bürgerliche Recht besondere Bestimmungen über die Wirkung der Eröffnung des Konkursverfahrens enthält, kommen diese Bestimmungen zur Anwendung.*)

(§ 20). Nov. 98.

§ 26. Wenn infolge der Eröffnung des Konkursverfahrens die Nichterfüllung einer Verbindlichkeit oder die Aufhebung eines Rechtsverhältnisses des Gemeinschuldners eintritt, so ist der andere Teil nicht berechtigt, die Rückgabe seiner in das Eigentum des Gemeinschuldners übergegangenen Leistung aus der Konkursmasse zu verlangen. Er kann eine Forderung wegen der Nichterfüllung oder der Aufhebung nur als Konkursgläubi-

*) Solche Bestimmungen finden sich außer in den unter VI—XXI abgedruckten Gesetzen namentlich in:
BGB. §§ 42, 48, 54 (Vereine), 86 (Stiftungen), 89 (jurist. Personen des öffentl. Rechts), 209 (Verjährung), 728, 736 (Gesellschaft), 773 (Bürgschaft), 878 (grundstücksrechtl. Erklärungen), 1419 (gesetzl. Güterstand), 1543, 1547 (Errungenschaftsgemeinschaft), 1647, 1681, 1686 (Vermögensverwaltung des Vaters, der Mutter), 1781, 1792, 1866, 1878, 1886, 1895, 1915 (Untauglichkeit zum Vormund, Gegenvormund, Pfleger, Mitglied des Familienrates), 1975 ff. (Einfluß des Nachlaßkonkurses auf die Rechtsstellung des Erben).
HGB. §§ 370, 505, 898.
WO. Art. 29, 98 Nr. 4 (Regreß auf Sicherstellung).
Vgl. auch BankG. § 49, HilfskassenG. § 29.

ger[1]) geltend machen, soweit ihm nicht ein Anspruch auf abgesonderte Befriedigung[2]) zusteht.

(§ 21). [1]) §§ 3, 61 ff. [2]) §§ 4, 47 ff.

§ 27. Erlischt ein von dem Gemeinschuldner erteilter Auftrag[1]) oder ein Dienst- oder Werkvertrag der im § 23 Abs. 2 bezeichneten Art infolge der Eröffnung des Verfahrens, so ist der andere Teil in Ansehung der nach der Eröffnung des Verfahrens[2]) entstandenen Ersatzansprüche im Falle des § 672 Satz 2 des Bürgerlichen Gesetzbuchs Massegläubiger,[3]) im Falle des § 674 des Bürgerlichen Gesetzbuchs Konkursgläubiger.[4])

(§ 21a). Nov. 98. [1]) § 23 Abs. 1. [2]) § 108. [3]) §§ 57 ff. [4]) §§ 61 ff.

§ 28. Wird eine nach § 705 des Bürgerlichen Gesetzbuchs eingegangene Gesellschaft durch die Eröffnung des Konkursverfahrens über das Vermögen eines Gesellschafters aufgelöst,[1]) so ist der geschäftsführende Gesellschafter in Ansehung der Ansprüche, welche ihm aus der einstweiligen Fortführung der Geschäfte nach § 728 Satz 2 des Bürgerlichen Gesetzbuchs zustehen, Massegläubiger,[2]) in Ansehung der ihm nach § 729 des Bürgerlichen Gesetzbuchs zustehenden Ansprüche, unbeschadet der Bestimmung des § 51, Konkursgläubiger.[3])

(§ 21b) Nov. 98. [1]) BGB. §§ 728, 736. [2]) §§ 57 ff. [3]) §§ 61 ff.

Dritter Titel.

Anfechtung.

§ 29. Rechtshandlungen, welche vor der Eröffnung des Konkursverfahrens[1]) vorgenommen sind, können als den Konkursgläubigern[2]) gegenüber unwirksam nach Maßgabe der folgenden Bestimmungen[3]) angefochten werden.

(§ 22). [1]) § 108. [2]) § 3. [3]) Vgl. auch HGB. § 342, KO. §§ 199, 222.

§ 30. Anfechtbar sind:

1. die nach der Zahlungseinstellung[1]) oder dem Antrage[2]) auf Eröffnung des Verfahrens von dem Gemeinschuldner eingegangenen Rechtsgeschäfte, durch deren Eingehung die Konkursgläubiger[3]) benach-

teiligt werden, wenn dem anderen Teile zu der Zeit, als er das Geschäft einging, die Zahlungseinstellung oder der Eröffnungsantrag bekannt war; sowie die nach der Zahlungseinstellung oder dem Eröffnungsantrage erfolgten Rechtshandlungen, welche einem Konkursgläubiger Sicherung oder Befriedigung gewähren, wenn dem Gläubiger zu der Zeit, als die Handlung erfolgte, die Zahlungseinstellung oder der Eröffnungsantrag bekannt war;

2. die nach der Zahlungseinstellung[1]) oder dem Antrage[2]) auf Eröffnung des Verfahrens oder in den letzten zehn Tagen vor der Zahlungseinstellung oder dem Eröffnungsantrage erfolgten Rechtshandlungen, welche einem Konkursgläubiger eine Sicherung oder Befriedigung gewähren, die er nicht oder nicht in der Art oder nicht zu der Zeit zu beanspruchen hatte, sofern er nicht beweist, daß ihm zur Zeit der Handlung weder die Zahlungseinstellung und der Eröffnungsantrag, noch eine Absicht des Gemeinschuldners, ihn vor den übrigen Gläubigern zu begünstigen, bekannt war.

(§ 23). [1]) § 102 Abs. 2, vgl. § 199. [2]) §§ 103 ff. [3]) § 3.

§ 31. Anfechtbar sind:

1. Rechtshandlungen, welche der Gemeinschuldner in der dem anderen Teile bekannten Absicht, seine Gläubiger zu benachteiligen, vorgenommen hat;[1])
2. die in dem letzten Jahre vor der Eröffnung des Verfahrens[2]) geschlossenen, entgeltlichen Verträge des Gemeinschuldners

   mit seinem Ehegatten, vor oder während der Ehe,

   mit seinen oder seines Ehegatten Verwandten in auf- und absteigender Linie,[3]) mit seinen oder seines Ehegatten voll- und halbbürtigen Geschwistern, oder mit dem Ehegatten einer dieser Personen,

sofern durch den Abschluß des Vertrages die Gläubiger des Gemeinschuldners benachteiligt werden und der andere Teil nicht beweist, daß ihm zur Zeit des Vertragsabschlusses eine Absicht des Gemeinschuldners, die Gläubiger zu benachteiligen, nicht bekannt war.[4])

(§ 24). [1]) Vgl. AnfG. § 3 Nr. 1. [2]) § 108. [3]) BGB. § 1589. [4]) Vgl. AnfG. § 3 Nr. 2.

§ 32. Anfechtbar sind:

1. die in dem letzten Jahre vor der Eröffnung des Verfahrens[1]) von dem Gemeinschuldner vorgenommenen unentgeltlichen Verfügungen, sofern nicht dieselben gebräuchliche Gelegenheitsgeschenke zum Gegenstande hatten;[2])
2. die in den letzten zwei Jahren vor der Eröffnung des Konkurses von dem Gemeinschuldner vorgenommenen unentgeltlichen Verfügungen zugunsten seines Ehegatten.[3])

(§ 25). Nr. 2 Halbsatz 2 gestrichen Nov. 98. [1]) § 108. [2]) Vgl. AnfG. § 3 Nr. 3. [3]) Vgl. AnfG. § 3 Nr. 4.

§ 33. Rechtshandlungen, welche früher als sechs Monate vor der Eröffnung des Verfahrens[1]) erfolgt sind, können aus dem Grunde einer Kenntnis der Zahlungseinstellung[2]) nicht angefochten werden.

(§ 26). [1]) § 108. [2]) §§ 30, 102 Abs. 2.

§ 34. Wechselzahlungen des Gemeinschuldners können auf Grund des § 30 Nr. 1 von dem Empfänger nicht zurückgefordert werden, wenn nach Wechselrecht der Empfänger bei Verlust des Wechselanspruchs gegen andere Wechselverpflichtete zur Annahme der Zahlung verbunden war.

Die gezahlte Wechselsumme muß von dem letzten Wechselregreßschuldner oder, falls derselbe den Wechsel für Rechnung eines Dritten begeben hatte, von diesem erstattet werden, wenn dem letzten Wechselregreßschuldner oder dem Dritten zu der Zeit, als er den Wechsel begab oder begeben ließ, einer der im § 30 Nr. 1 erwähnten Umstände bekannt war.

(§ 27).

§ 35. Die Anfechtung wird dadurch nicht ausgeschlossen, daß für die anzufechtende Rechtshandlung ein vollstreckbarer Schuldtitel[1]) erlangt, oder daß dieselbe durch Zwangsvollstreckung oder durch Vollziehung eines Arrestes²) erwirkt worden ist.³)

(§ 28). ¹) ZPO. §§ 704, 708 ff., 794, 801. ²) ZPO. §§ 916 ff., 928. ³) Vgl. AnfG. § 6.

§ 36. Das Anfechtungsrecht wird von dem Verwalter ausgeübt.¹)

(§ 29). ¹) Vgl. AnfG. § 13.

§ 37. Was durch die anfechtbare Handlung¹) aus dem Vermögen des Gemeinschuldners veräußert, weggegeben oder aufgegeben ist, muß zur Konkursmasse²) zurückgewährt werden.

Der gutgläubige Empfänger einer unentgeltlichen Leistung hat dieselbe nur soweit zurückzugewähren, als er durch sie bereichert ist.³)

(§ 30). ¹) §§ 30—34. ²) §§ 1, 2. ³) Vgl. AnfG. § 7 Abs. 2.

§ 38. Die Gegenleistung ist aus der Konkursmasse zu erstatten, soweit sie sich in derselben befindet, oder soweit die Masse um ihren Wert bereichert ist.¹) Darüber hinaus kann ein Anspruch nur als Konkursforderung²) geltend gemacht werden.

(§ 31). ¹) § 59 Nr. 3. ²) §§ 61 ff.

§ 39. Wenn der Empfänger einer anfechtbaren Leistung¹) das Empfangene zurückgewährt, so tritt seine Forderung wieder in Kraft.

(§ 32). ¹) §§ 30—34.

§ 40. Die gegen den Erblasser begründete Anfechtung findet gegen den Erben¹) statt.

Gegen einen anderen Rechtsnachfolger desjenigen, welchem gegenüber die anfechtbare Handlung vorgenommen ist, findet die gegen den letzteren begründete Anfechtung statt:

1. wenn ihm zur Zeit seines Erwerbes die Umstände, welche die Anfechtbarkeit des Erwerbes seines Rechtsvorgängers begründen, bekannt waren;
2. wenn er zu den im § 31 Nr. 2 genannten Personen gehört, es sei denn, daß ihm zur Zeit seines Erwerbes die Umstände, welche die Anfechtbarkeit

des Erwerbes seines Rechtsvorgängers begründen, unbekannt waren;

3. wenn ihm das Erlangte unentgeltlich zugewendet worden ist.

Im Falle des Abs. 2 Nr. 3 findet auf die Haftung des Rechtsnachfolgers die Bestimmung des § 37 Abs. 2 Anwendung.[2])

(§ 33). Abs. 2 u. 3 Nov. 98. [1]) BGB. § 1922. [2]) Vgl. AnfG. § 11.

§ 41. Die Anfechtung kann nur binnen Jahresfrist seit der Eröffnung des Verfahrens[1]) erfolgen. Auf den Lauf der Frist finden die für die Verjährung geltenden Vorschriften des § 203 Abs. 2 und des § 207 des Bürgerlichen Gesetzbuchs entsprechende Anwendung. Die Anfechtung nach § 31 Nr. 1 ist ausgeschlossen, wenn seit der Vornahme der Handlung dreißig Jahre verstrichen sind.

Ist durch die anfechtbare Handlung eine Verpflichtung des Gemeinschuldners zu einer Leistung[2]) begründet, so kann der Konkursverwalter die Leistung verweigern, auch wenn die Anfechtung nach Abs. 1 ausgeschlossen ist.

(§ 34). Nov. 98. [1]) § 108. [2]) BGB. § 241.

§ 42. Die Vorschriften über die Anfechtung der vor der Eröffnung des Verfahrens vorgenommenen Rechtshandlungen gelten auch für die Anfechtung von Rechtshandlungen, die nach der Eröffnung des Verfahrens vorgenommen worden sind, sofern diese nach den §§ 892, 893 des Bürgerlichen Gesetzbuchs den Konkursgläubigern gegenüber wirksam[1]) sind. Die Frist[2]) für die Ausübung des Anfechtungsrechts beginnt mit der Vornahme der Rechtshandlung.

(§ 34a). Nov. 98. [1]) § 7. [2]) § 41.

Vierter Titel.

Aussonderung.

§ 43. Die Ansprüche auf Aussonderung eines dem Gemeinschuldner nicht gehörigen Gegenstandes aus der Konkursmasse auf Grund eines dinglichen oder persönlichen Rechts bestimmen sich nach den außerhalb des Konkursverfahrens geltenden Gesetzen.[1])

(§ 35). [1]) Vgl. auch § 11.

§ 44. Der Verkäufer[1]) oder Einkaufskommissionär[2]) kann Waren, welche von einem anderen Orte an den Gemeinschuldner abgesendet und von dem Gemeinschuldner noch nicht vollständig bezahlt sind, zurückfordern, sofern nicht dieselben schon vor der Eröffnung des Verfahrens[3]) an dem Orte der Ablieferung angekommen und in den Gewahrsam des Gemeinschuldners oder einer anderen Person für ihn gelangt sind.

Die Bestimmungen des § 17 finden Anwendung.[4])

(§ 36). [1]) BGB. § 433, HGB. §§ 373 ff. [2]) HGB. §§ 383, 391. [3]) § 108. [4]) Vgl. auch HGB. § 392.

§ 45. Die Ehefrau des Gemeinschuldners kann Gegenstände, welche sie während der Ehe erworben hat, nur in Anspruch nehmen, wenn sie beweist, daß dieselben nicht mit Mitteln des Gemeinschuldners erworben sind.
(§ 37).

§ 46. Sind Gegenstände, deren Aussonderung aus der Konkursmasse hätte beansprucht werden können,[1]) vor der Eröffnung des Verfahrens[2]) von dem Gemeinschuldner oder nach der Eröffnung des Verfahrens von dem Verwalter veräußert worden, so ist der Aussonderungsberechtigte befugt, die Abtretung des Rechts auf die Gegenleistung, soweit diese noch aussteht, zu verlangen. Er kann die Gegenleistung aus der Masse beanspruchen, soweit sie nach der Eröffnung des Verfahrens zu derselben eingezogen worden ist.

(§ 38). [1]) §§ 43—45. [2]) § 108.

Fünfter Titel.

Absonderung.

§ 47. Zur abgesonderten Befriedigung[1]) dienen die Gegenstände, welche der Zwangsvollstreckung in das unbewegliche Vermögen[2]) unterliegen, für diejenigen, welchen ein Recht auf Befriedigung[3]) aus denselben zusteht.

(§ 39). Abs. 1 Nov. 98. [1]) § 4. [2]) ZPO. §§ 864, 865.
Abs. 2 gestr. Nov. 98. [3]) ZVG. § 10.

§ 48. Gläubiger, welche an einem zur Konkursmasse gehörigen Gegenstand ein durch Rechtsgeschäft bestelltes

Pfandrecht[1]) haben, können aus den ihnen verpfändeten Gegenständen abgesonderte Befriedigung wegen ihrer Pfandforderung verlangen, zunächst wegen der Kosten, dann wegen der Zinsen, zuletzt wegen des Kapitals.[2])

(§ 40). Nov. 98. [1]) BGB. §§ 1204 ff. [2]) Vgl. § 127.

§ 49. Den im § 48 bezeichneten Pfandgläubigern stehen gleich:[1])

1. die Reichskasse, die Staatskassen und die Gemeinden, sowie die Amts-, Kreis- und Provinzialverbände wegen öffentlicher Abgaben, in Ansehung der zurückgehaltenen oder in Beschlag genommenen zoll- und steuerpflichtigen Sachen;
2. diejenigen, welche an gewissen Gegenständen ein gesetzliches oder ein durch Pfändung[2]) erlangtes Pfandrecht haben;[3]) das dem Vermieter und dem Verpächter nach den §§ 559, 581, 585 des Bürgerlichen Gesetzbuchs zustehende Pfandrecht kann in Ansehung des Miet- oder Pachtzinses[4]) für eine frühere Zeit als das letzte Jahr vor der Eröffnung des Verfahrens,[5]) sowie in Ansehung des dem Vermieter oder dem Verpächter infolge der Kündigung des Verwalters entstehenden Entschädigungsanspruchs[6]) nicht geltend gemacht werden; das Pfandrecht des Verpächters eines landwirtschaftlichen Grundstücks[7]) unterliegt in Ansehung des Pachtzinses der Beschränkung nicht;
3. diejenigen, welche etwas zum Nutzen einer Sache verwendet haben, wegen des den noch vorhandenen Vorteil nicht übersteigenden Betrags ihrer Forderung aus der Verwendung, in Ansehung der zurückbehaltenen[8]) Sache;
4. diejenigen, welchen nach dem Handelsgesetzbuche in Ansehung gewisser Gegenstände ein Zurückbehaltungsrecht[9]) zusteht.

Die im Abs. 1 Nr. 1 bezeichneten Rechte gehen den im Abs. 1 Nr. 2—4 und den im § 48 bezeichneten Rechten vor.[10])

(§ 41 in der Fassung des Ges. vom 9. Mai 1894, [1]) Vgl. auch das Absonderungsrecht in BBG. § 157 sowie in GewO. § 85 Abs. 2.

betr. Abänderung des § 41 der Konkursordnung) Nov. 98.

[2]) ZPO. § 803. [3]) Vgl. auch §§ 221 Abs. 1 (Nachlaßkonkurs), 236. [4]) BGB. §§ 535, 581. [5]) § 108. [6]) § 19 Satz 3. [7]) BGB. §§ 582 ff. [8]) BGB. §§ 273, 1000. [9]) HGB. §§ 369 ff., 888; s. auch VVG. § 77. [10]) Vgl. EG. Ges., betr. Änderungen der KO. Art. III.

§ 50. Wer nach der Eröffnung des Konkursverfahrens[1]) oder mit Kenntnis des Eröffnungsantrages[2]) oder der Zahlungseinstellung[3]) eine Konkursforderung[4]) dem im Auslande wohnenden Inhaber eines zur Konkursmasse gehörigen Gegenstandes[5]) oder in der Absicht, daß dieser die Forderung erwerbe, einer Mittelsperson abtritt, ist verpflichtet, zur Konkursmasse den Betrag zu ersetzen, welcher derselben dadurch entgeht, daß der Inhaber für die Forderung nach dem Rechte des Auslandes entgegen den Bestimmungen dieses Gesetzes ein Absonderungsrecht an dem Gegenstande ausübt. Die Vorschrift des § 33 findet entsprechende Anwendung.

(§ 42). [1]) § 108. [2]) §§ 103 ff. [3]) § 102 Abs. 2. [4]) § 3. [5]) §§ 1, 2.

§ 51. Wer sich mit dem Gemeinschuldner in einem Miteigentume, in einer Gesellschaft oder in einer anderen Gemeinschaft[1]) befindet, kann wegen der auf ein solches Verhältnis sich gründenden Forderungen abgesonderte Befriedigung aus dem bei der Teilung oder sonstigen Auseinandersetzung ermittelten Anteile des Gemeinschuldners verlangen.

(§ 44). [1]) Vgl. § 16 Abs. 1.

§ 52. Die Befriedigung der Lehen-, Stammguts- oder Familienfideikommiß-Gläubiger[1]) erfolgt abgesondert aus dem Lehen, Stammgute oder Familienfideikommisse nach den Vorschriften der Landesgesetze.

(§ 45). [1]) Vgl. EG. KO. § 5, EG. BGB. Art. 59.

Sechster Titel.

Aufrechnung.

§ 53. Soweit ein Gläubiger zu einer Aufrechnung[1]) befugt ist, braucht er seine Forderung im Konkursverfahren nicht geltend zu machen.

(§ 46). [1]) Vgl. BGB. §§ 387 ff.

§ 54. Die Aufrechnung wird nicht dadurch ausgeschlossen, daß zur Zeit der Eröffnung des Verfahrens[1]) die aufzurechnenden Forderungen oder die eine von ihnen noch betagt[2]) oder noch bedingt[3]) war, oder die Forderung des Gläubigers nicht auf einen Geldbetrag gerichtet war.

Eine betagte Forderung des Gläubigers ist zum Zwecke der Aufrechnung nach der Vorschrift des § 65 zu berechnen.

Zum Zwecke der Aufrechnung einer aufschiebend[4]) bedingten Forderung bei dem Eintritte der Bedingung kann der Gläubiger Sicherstellung insoweit verlangen, als die Forderung der von ihm einzuzahlenden Schuld gleichkommt.

Eine nicht auf Geld gerichtete Forderung des Gläubigers ist zum Zwecke der Aufrechnung nach den Vorschriften der §§ 69, 70 zu berechnen.

(§ 47). [1]) § 108. [2]) BGB. § 163. [3]) BGB. §§ 158 ff. [4]) BGB. § 158 Abs. 1.

§ 55. Eine Aufrechnung im Konkursverfahren ist unzulässig:

1. wenn jemand vor oder nach der Eröffnung des Verfahrens[1]) eine Forderung an den Gemeinschuldner erworben hat und nach der Eröffnung etwas zur Masse schuldig geworden ist;[2])
2. wenn jemand dem Gemeinschuldner vor der Eröffnung des Verfahrens etwas schuldig war und nach derselben eine Forderung an den Gemeinschuldner erworben hat, auch wenn diese Forderung vor der Eröffnung für einen anderen Gläubiger entstanden war;
3. wenn jemand vor der Eröffnung des Verfahrens dem Gemeinschuldner etwas schuldig war und eine Forderung an den Gemeinschuldner durch ein Rechtsgeschäft mit demselben oder durch Rechtsabtretung oder Befriedigung eines Gläubigers erworben hat, falls ihm zur Zeit des Erwerbes bekannt war, daß der Gemeinschuldner seine Zahlungen eingestellt[3]) hatte, oder daß die Eröffnung des Verfahrens be-

antragt[4]) war. Die Vorschrift des § 33 findet entsprechende Anwendung.

Die Aufrechnung ist zulässig, wenn der Erwerber zur Übernahme der Forderung oder zur Befriedigung des Gläubigers verpflichtet war und zu der Zeit, als er die Verpflichtung einging, weder von der Zahlungseinstellung noch von dem Eröffnungsantrage Kenntnis hatte.

(§ 48). [1]) § 108. [2]) Vgl. auch § 21 Abs. 2 Satz 2. [3]) § 102 Abs. 2. [4]) §§ 103 ff.

§ 56. Die Bestimmung des § 50 findet entsprechende Anwendung auf den Fall, daß ein im Auslande wohnender Schuldner nach dem Rechte des Auslandes eine nach § 55 unzulässige Aufrechnung mit der ihm abgetretenen Konkursforderung[1]) vornimmt.

(§ 49). [1]) § 3.

Siebenter Titel.

Massegläubiger.

§ 57. Aus der Konkursmasse[1]) sind die Massekosten[2]) und Masseschulden[3]) vorweg zu berichtigen.

(§ 50). [1]) §§ 1, 2. [2]) § 58. [3]) § 59.

§ 58. Massekosten sind:

1. die gerichtlichen Kosten[1]) für das gemeinschaftliche Verfahren;
2. die Ausgaben für die Verwaltung, Verwertung[2]) und Verteilung[3]) der Masse;[4])
3. die dem Gemeinschuldner und dessen Familie bewilligte Unterstützung.[5])

(§ 51). [1]) GKG. §§ 50 ff., 79 ff. [2]) §§ 6 Abs. 2, 117, 126 ff. [3]) §§ 149 ff. [4]) Vgl. §§ 85, 91. [5]) §§ 129, 132.

§ 59. Masseschulden[1]) sind:

1. die Ansprüche, welche aus Geschäften oder Handlungen des Konkursverwalters entstehen;
2. die Ansprüche aus zweiseitigen Verträgen, deren Erfüllung zur Konkursmasse verlangt[2]) wird oder für die Zeit nach der Eröffnung des Verfahrens erfolgen muß;[3])

3. die Ansprüche aus einer rechtlosen Bereicherung[4]) der Masse.

(§ 52).

[1]) Vgl. §§ 224 (Nachlaßkonkurs), 236.
[2]) §§ 17, 20, 44. [3]) §§ 21, 25, 27, 28.
[4]) Vgl. §§ 7, 38, 147, AnfG. § 13.

§ 60. Sobald sich herausstellt, daß die Konkursmasse zur vollständigen Befriedigung aller Massegläubiger nicht ausreicht, tritt eine verhältnismäßige Befriedigung derselben in der Weise ein, daß zunächst die Masseschulden,[1]) dann die Massekosten,[2]) von diesen zuerst die baren Auslagen und zuletzt die dem Gemeinschuldner und dessen Familie bewilligte Unterstützung[3]) zu berichtigen sind.

(§ 53).

[1]) §§ 59, 224. [2]) § 58. [3]) § 58 Nr. 3.

Achter Titel.

Konkursgläubiger.

§ 61. Die Konkursforderungen[1]) werden nach folgender Rangordnung, bei gleichem Range nach Verhältnis ihrer Beträge, berichtigt:[2])

1. die für das letzte Jahr vor der Eröffnung des Verfahrens[3]) oder dem Ableben des Gemeinschuldners rückständigen Forderungen an Lohn, Kostgeld oder anderen Dienstbezügen der Personen, welche sich dem Gemeinschuldner für dessen Haushalt, Wirtschaftsbetrieb oder Erwerbsgeschäft zur Leistung von Diensten verdungen hatten;
2. die Forderungen der Reichskasse, der Staatskassen und der Gemeinden, sowie der Amts-, Kreis- und Provinzialverbände wegen öffentlicher Abgaben, welche im letzten Jahre vor der Eröffnung des Verfahrens fällig geworden sind oder nach § 65 als fällig gelten; es macht hierbei keinen Unterschied, ob der Steuererheber die Abgabe bereits vorschußweise zur Kasse entrichtet hat;
3. die Forderungen der Kirchen und Schulen, der öffentlichen Verbände und der öffentlichen, zur Annahme der Versicherung verpflichteten Feuerversicherungsanstalten wegen der nach Gesetz oder Ver-

fassung zu entrichtenden Abgaben und Leistungen aus dem letzten Jahre vor der Eröffnung des Verfahrens;

4. die Forderungen der Ärzte, Wundärzte, Tierärzte, Apotheker, Hebammen und Krankenpfleger wegen Kur- und Pflegekosten aus dem letzten Jahre vor der Eröffnung des Verfahrens, insoweit der Betrag der Forderungen den Betrag der taxmäßigen Gebührnisse nicht übersteigt;
5. die Forderungen der Kinder, der Mündel[4]) und der Pflegebefohlenen[5]) des Gemeinschuldners in Ansehung ihres gesetzlich der Verwaltung desselben unterworfenen Vermögens; das Vorrecht steht ihnen nicht zu, wenn die Forderung nicht binnen zwei Jahren nach Beendigung der Vermögensverwaltung gerichtlich geltend gemacht und bis zur Eröffnung des Verfahrens verfolgt worden ist;
6. alle übrigen Konkursforderungen.

(§ 54). Nr. 1, 4, 5 Nov. 98

[1]) §§ 3, 27, 28; 226, 236. [2]) Vgl. auch die Bestimmungen über Rangordnung und Vorrechte in §§ 225—229, EG. KO. §§ 12, 13, 17, KrankVG. § 55, InvVG. § 168, VAG. §§ 51, 61, HypBankG. § 35, RVG. § 20. [3]) § 108. [4]) BGB. §§ 1773 ff., 1896 ff. [5]) BGB. §§ 1909 ff.

§ 62. Mit der Kapitalsforderung werden an derselben Stelle angesetzt:

1. die Kosten, welche dem Gläubiger vor der Eröffnung des Verfahrens[1]) erwachsen sind;
2. die Vertragsstrafen;[2])
3. die bis zur Eröffnung des Verfahrens aufgelaufenen Zinsen.[3])

(§ 55).

[1]) § 108. [2]) BGB. §§ 339 ff., HGB. § 348. [3]) Vgl. auch § 227 (Nachlaßkonkurs).

§ 63. Im Konkursverfahren können nicht[1]) geltend gemacht werden:

1. die seit der Eröffnung des Verfahrens[2]) laufenden Zinsen;
2. die Kosten, welche den einzelnen Gläubigern durch ihre Teilnahme an dem Verfahren erwachsen;
3. Geldstrafen;

4. Forderungen aus einer Freigebigkeit des Gemeinschuldners unter Lebenden oder von Todes wegen.

(§ 56). [1]) Vgl. auch §§ 226, 227 (Nachlaßkonkurs). [2]) § 108.

§ 64. Ein Gläubiger, welcher abgesonderte Befriedigung[1]) beansprucht, kann die Forderung, wenn der Gemeinschuldner auch persönlich für sie haftet, zur Konkursmasse geltend machen, aus derselben aber nur für den Betrag verhältnismäßige Befriedigung verlangen,[2]) zu welchem er auf abgesonderte Befriedigung verzichtet, oder mit welchem er bei der letzteren ausgefallen ist.[3])

(§ 57). [1]) §§ 4, 47—52. [2]) Vgl. § 153. [3]) Vgl. auch §§ 212, 234, 236; HypBankG. § 35, BAG. § 61.

§ 65. Betagte[1]) Forderungen gelten als fällig.

Eine betagte unverzinsliche Forderung vermindert sich auf den Betrag, welcher mit Hinzurechnung der gesetzlichen Zinsen[2]) desselben für die Zeit von der Eröffnung des Verfahrens[3]) bis zur Fälligkeit dem vollen Betrage der Forderung gleichkommt.

(§ 58). [1]) BGB. § 163. [2]) BGB. § 246, HGB. § 352, WO. Art. 50, 51, KonsGG. § 33, SchutzgebG. § 3. [3]) § 108.

§ 66. Forderungen unter auflösender[1]) Bedingung werden wie unbedingte geltend gemacht.

(§ 59). [1]) BGB. § 158 Abs. 2; vgl. KO. § 168 Nr. 4.

§ 67. Forderungen unter aufschiebender[1]) Bedingung berechtigen nur zu einer Sicherung.

(§ 60). [1]) BGB. § 158 Abs. 1; vgl. KO. §§ 154, 168 Nr. 2.

§ 68. Wird über das Vermögen mehrerer oder einer von mehreren Personen, welche nebeneinander für dieselbe Leistung auf das Ganze haften, das Konkursverfahren eröffnet, so kann der Gläubiger bis zu seiner vollen Befriedigung in jedem Verfahren den Betrag geltend machen, den er zur Zeit der Eröffnung des Verfahrens[1]) zu fordern hatte.

(§ 61). [1]) § 108.

§ 69. Forderungen, welche nicht auf einen Geldbetrag gerichtet sind, oder deren Geldbetrag unbestimmt oder ungewiß oder nicht in Reichswährung festgesetzt ist, sind nach ihrem Schätzungswerte in Reichswährung geltend zu machen.
(§ 62).

§ 70. Wiederkehrende Hebungen zu einem bestimmten Betrage und von einer bestimmten Zeitdauer werden unter Abrechnung der Zwischenzinsen (§ 65) durch Zusammenzählung der einzelnen Hebungen kapitalisiert. Der Gesamtbetrag darf den zum gesetzlichen Zinssatze[1]) kapitalisierten Betrag derselben nicht übersteigen.
(§ 63).

[1]) BGB. § 246. HGB. § 352.

Zweites Buch.

Konkursverfahren.

Erster Titel.

Allgemeine Bestimmungen.

§ 71. Für das Konkursverfahren ist das Amtsgericht[1]) ausschließlich zuständig, bei welchem der Gemeinschuldner seine gewerbliche Niederlassung[2]) oder in Ermangelung einer solchen seinen allgemeinen Gerichtsstand[3]) hat.

Sind mehrere Gerichte zuständig, so schließt dasjenige, bei welchem zuerst die Eröffnung des Verfahrens beantragt worden ist, die übrigen aus.[4])
(§ 64). Abs. 1 Nov. 98.

[1]) GVG. §§ 22 ff. [2]) Vgl. ZPO. § 21. [3]) ZPO. §§ 13—19. [4]) Vgl. auch §§ 214 (Nachlaßkonkurs), 238 Abs. 2 Satz 2; KonsGG. § 7, SchutzgebG. § 2.

§ 72. Die Vorschriften der Zivilprozeßordnung finden, soweit nicht aus den Bestimmungen dieses Gesetzes sich Abweichungen ergeben, auf das Konkursverfahren entsprechende Anwendung.
(§ 65).

§ 73. Die Entscheidungen im Konkursverfahren können ohne vorgängige mündliche Verhandlung erfolgen.

Die Zustellung geschieht von Amts wegen.[1])

Gegen die Entscheidungen im Konkursverfahren findet, soweit dieses Gesetz nicht ein anderes[2]) bestimmt, die sofortige Beschwerde[3]) statt.

(§ 66). [1]) ZPO. §§ 208—213. [2]) §§ 95 Abs. 3, 96 Abs. 2, 163 Abs. 1 Satz 2, 190 Abs. 1 Satz 2, 189 Abs. 3; vgl. auch GenG. § 108 Abs. 3, BAG. § 68 Abs. 1 Satz 3. [3]) ZPO. § 577.

§ 74. Die Entscheidung des Beschwerdegerichts wird erst mit der Rechtskraft wirksam. Das Beschwerdegericht kann jedoch die sofortige Wirksamkeit der Entscheidung anordnen.

(§ 66a). Nov. 98.

§ 75. Das Konkursgericht kann zur Aufklärung aller das Verfahren betreffenden Verhältnisse die erforderlichen Ermittelungen, insbesondere die Vernehmung von Zeugen[1]) und Sachverständigen[2]) anordnen.

(§ 67). [1]) ZPO. §§ 373 ff. [2]) ZPO. §§ 402 ff.

§ 76. Die öffentlichen Bekanntmachungen erfolgen durch mindestens einmalige Einrückung in das zur Veröffentlichung amtlicher Bekanntmachungen des Gerichts bestimmte Blatt; die Einrückung kann auszugsweise geschehen. Die Bekanntmachung gilt als bewirkt mit dem Ablaufe des zweiten Tages nach der Ausgabe des die Einrückung oder die erste Einrückung enthaltenden Blattes.

Das Gericht kann weitere Bekanntmachungen anordnen.

Die öffentliche Bekanntmachung gilt als Zustellung[1]) an alle Beteiligten, auch wenn dieses Gesetz neben ihr eine besondere[2]) Zustellung vorschreibt.

(§ 68). [1]) § 73 Abs. 2. [2]) §§ 111 Abs. 3, 179 Abs. 1.

§ 77. Wenn neben der öffentlichen Bekanntmachung eine besondere Zustellung[1]) vorgeschrieben ist, so kann dieselbe durch Aufgabe zur Post[2]) bewirkt werden. Einer Beglaubigung der Abschrift des zuzustellenden Schriftstücks bedarf es nicht.

Die dem Verwalter obliegenden Mitteilungen[3]) können unmittelbar und ohne besondere Form geschehen.
(§ 69). [1]) Bem. 2 zu § 76. [2]) ZPO. §§ 213, 175. [3]) §§ 135, 159 Abs. 2.

§ 78. Der Konkursverwalter wird von dem Gerichte[1]) ernannt.[2])

Das Gericht kann demselben die Leistung einer Sicherheit auferlegen.
(§ 70). [1]) § 71. [2]) § 110 Abs. 1.

§ 79. Wenn die Verwaltung verschiedene Geschäftszweige umfaßt, so können mehrere Konkursverwalter ernannt werden. Jeder von ihnen ist in seiner Geschäftsführung selbständig.
(§ 71).

§ 80. In der auf die Ernennung eines Verwalters folgenden Gläubigerversammlung[1]) können die Konkursgläubiger statt des Ernannten eine andere Person wählen.[2]) Das Gericht kann die Ernennung des Gewählten versagen.
(§ 72). [1]) § 110 Abs. 1. [2]) § 94 Abs. 2.

§ 81. Der Name des Verwalters ist öffentlich bekannt zu machen.[1])

Dem Verwalter ist eine urkundliche Bescheinigung seiner Ernennung zu erteilen. Er hat dieselbe bei der Beendigung seines Amts dem Gerichte zurückzureichen.
(§ 73). [1]) § 76.

§ 82. Der Verwalter ist für die Erfüllung der ihm obliegenden Pflichten allen Beteiligten verantwortlich.[1])
(§ 74). Nov. 98. [1]) BGB. § 276.

§ 83. Der Verwalter steht unter der Aufsicht des Konkursgerichts.[1])
(§ 75). [1]) § 71.

§ 84. Das Gericht kann gegen den Verwalter Ordnungsstrafen bis zu zweihundert Mark festsetzen. Es kann denselben vor der auf seine Ernennung folgenden Gläubigerversammlung[1]) von Amts wegen, später nur auf Antrag der Gläubigerversammlung[2]) oder des Gläubigerausschusses[3]) seines Amts entlassen.

Vor der Entscheidung ist der Verwalter zu hören.

(§ 76). [1]) §§ 110 Abs. 1, 80. [2]) §§ 93 ff. [3]) §§ 87—92.

§ 85. Der Verwalter hat Anspruch auf Erstattung angemessener barer Auslagen und auf Vergütung[1]) für seine Geschäftsführung. Die Festsetzung der Auslagen und der Vergütung erfolgt durch das Konkursgericht.[2])

Die Landesjustizverwaltung kann für die dem Verwalter zu gewährende Vergütung allgemeine Anordnungen treffen.

(§ 77). Abs. 2 Nov. 98. [1]) § 58 Nr. 2. [2]) § 71.

§ 86. Der Verwalter hat bei der Beendigung seines Amts einer Gläubigerversammlung Schlußrechnung[1]) zu legen. Die Rechnung muß mit den Belegen und, wenn ein Gläubigerausschuß bestellt ist, mit dessen Bemerkungen spätestens drei Tage vor dem Termine[1]) auf der Gerichtsschreiberei zur Einsicht der Beteiligten niedergelegt werden. Der Gemeinschuldner, jeder Konkursgläubiger und der nachfolgende Verwalter sind berechtigt, Einwendungen gegen die Rechnung zu erheben. Soweit in dem Termine Einwendungen nicht erhoben werden, gilt die Rechnung als anerkannt.

(§ 78). [1]) Vgl. §§ 162 Abs. 1, 132 Abs. 2.

§ 87. Vor der ersten Gläubigerversammlung[1]) kann[2]) das Gericht aus der Zahl der Gläubiger oder der Vertreter von Gläubigern einen Gläubigerausschuß bestellen.

Die Gläubigerversammlung[3]) hat über die Bestellung eines Gläubigerausschusses zu beschließen. Die Mitglieder des Gläubigerausschusses sind von der Gläubigerversammlung zu wählen.[4]) Zu Mitgliedern können Gläubiger oder andere Personen gewählt werden.

(§ 79). [1]) § 110. [2]) Vgl. GenG. § 103. [3]) §§ 94 ff. [4]) § 94 Abs. 2 Satz 2.

§ 88. Die Mitglieder des Gläubigerausschusses haben den Verwalter bei seiner Geschäftsführung zu unterstützen und zu überwachen. Dieselben können sich von dem Gange der Geschäfte unterrichten, die Bücher und Schriften des Verwalters einsehen und den Bestand seiner Kasse untersuchen.

Der Gläubigerausschuß ist berechtigt, von dem Verwalter Berichterstattung über die Lage der Sache und die Geschäftsführung zu verlangen.[1]) Er ist verpflichtet, die Untersuchung der Kasse des Verwalters wenigstens einmal in jedem Monate durch ein Mitglied vornehmen zu lassen.[2])

(§ 80). [1]) Vgl. § 132 Abs. 2. [2]) Vgl. auch § 84, 86, 87, 100, 123, 129, 130, 132 Abs. 2, 133, 134, 150, 159, 176, 177, 180, 184.

§ 89. Die Mitglieder des Gläubigerausschusses sind für die Erfüllung der ihnen obliegenden Pflichten allen Beteiligten verantwortlich.[1])

(§ 81). Nov. 98. [1]) BGB. § 276.

§ 90. Ein Beschluß des Gläubigerausschusses ist gültig, wenn die Mehrheit der Mitglieder an der Beschlußfassung teilgenommen hat, und der Beschluß mit absoluter Mehrheit der abgegebenen Stimmen gefaßt ist.

(§ 82).

§ 91. Die Mitglieder des Gläubigerausschusses haben Anspruch auf Erstattung angemessener barer Auslagen und auf Vergütung[1]) für ihre Geschäftsführung. Die Festsetzung der Auslagen und der Vergütung erfolgt nach Anhörung der Gläubigerversammlung durch das Konkursgericht.[2])

Die Landesjustizverwaltung kann für die den Mitgliedern des Gläubigerausschusses zu gewährende Vergütung allgemeine Anordnungen treffen.

(§ 83). Abs. 1 Satz 2, Abs. 2 Nov. 98. [1]) § 58 Nr. 2, vgl. § 85. [2]) § 71.

§ 92. Die durch das Gericht[1]) erfolgte Bestellung zum Mitgliede des Gläubigerausschusses kann von dem Gerichte, die durch die Gläubigerversammlung[2]) erfolgte Bestellung zum Mitgliede des Gläubigerausschusses durch Beschluß der Gläubigerversammlung widerrufen werden.

(§ 84). [1]) § 87 Abs. 1. [2]) § 87 Abs. 2.

§ 93. Über die Berufung der Gläubigerversammlung beschließt das Gericht. Die Berufung muß erfolgen, wenn sie von dem Verwalter, dem Gläubigerausschusse[1]) oder von mindestens fünf Konkursgläubigern,[2]) deren Forderungen nach der Schätzung des Gerichts den fünften Teil der Schuldenmasse[3]) erreichen, beantragt wird.

Die Berufung muß öffentlich bekannt[4]) gemacht werden. Der öffentlichen Bekanntmachung bedarf es nicht, wenn in einer Gläubigerversammlung eine Vertagung der Verhandlung angeordnet wird.

(§ 85). [1]) §§ 87 ff. [2]) § 3. [3]) §§ 138 ff. [4]) § 76.

§ 94. Die Gläubigerversammlung findet unter der Leitung des Gerichts statt.

Die Beschlüsse der Gläubigerversammlung werden mit absoluter Mehrheit der Stimmen gefaßt. Für die Wahl der Mitglieder des Gläubigerausschusses[1]) genügt relative Mehrheit der Stimmen.

Die Stimmenmehrheit ist nach den Forderungsbeträgen zu berechnen. Bei Gleichheit der Summen entscheidet die Zahl der Gläubiger.

(§ 86). [1]) § 87 Abs. 2.

§ 95. Zur Teilnahme an den Abstimmungen berechtigen die festgestellten[1]) Konkursforderungen.[2]) In Ansehung einer streitig gebliebenen[3]) Forderung wird bei der Prüfung[4]) mit den Parteien erörtert, ob und zu welchem Betrage ein bleibendes Stimmrecht für dieselbe zu gewähren ist. In Ermangelung einer Einigung entscheidet das Konkursgericht.[5]) Das Gericht kann die Entscheidung auf den weiteren Antrag einer Partei abändern.

Ob und zu welchem Betrage nicht geprüfte Konkursforderungen zum Stimmen in einer Gläubigerversammlung berechtigen, entscheidet auf den Widerspruch eines Konkursgläubigers oder des Verwalters das Gericht.

Eine Anfechtung der Entscheidungen findet nicht statt.

(§ 87). [1]) § 144. [2]) §§ 3, 61 ff. [3]) §§ 144 Abs. 1, 146. [4]) § 141. [5]) § 71.

§ 96. Ob und zu welchem Betrage Forderungen, für welche abgesonderte Befriedigung[1]) beansprucht wird, in Ansehung ihres mutmaßlichen Ausfalls,[2]) sowie Konkursforderungen unter aufschiebender Bedingung[3]) zum Stimmen in einer Gläubigerversammlung berechtigen, entscheidet auf den Widerspruch eines Konkursgläubigers oder des Verwalters das Gericht.

Eine Anfechtung der Entscheidung findet nicht statt.[4])

(§ 88). [1]) §§ 4, 47—52. [2]) § 64. [3]) § 67. [4]) Vgl. auch §§ 212, 234.

§ 97. Gezählt werden nur die Stimmen der in der Gläubigerversammlung erschienenen Gläubiger. Die nicht erschienenen Gläubiger sind an die Beschlüsse gebunden.

(§ 89).

§ 98. Der Gegenstand, über welchen in der Gläubigerversammlung ein Beschluß gefaßt werden soll, muß bei der Berufung[1]) derselben öffentlich bekannt[2]) gemacht werden.

(§ 90). [1]) § 93. [2]) § 76.

§ 99. Das Gericht[1]) hat die Ausführung eines von der Gläubigerversammlung gefaßten Beschlusses auf den in der Gläubigerversammlung gestellten Antrag des Verwalters oder eines überstimmten[2]) Gläubigers zu untersagen, wenn der Beschluß dem gemeinsamen Interesse der Konkursgläubiger widerspricht.

(§ 91). [1]) § 71. [2]) § 94 Abs. 2, 3.

§ 100. Der Gemeinschuldner ist verpflichtet, dem Verwalter, dem Gläubigerausschusse und auf Anordnung des Gerichts der Gläubigerversammlung über alle das Verfahren betreffenden Verhältnisse Auskunft zu geben.[1])

(§ 92). [1]) Vgl. § 125.

§ 101. Der Gemeinschuldner darf sich von seinem Wohnorte nur mit Erlaubnis des Gerichts[1]) entfernen.

Das Gericht kann die zwangsweise Vorführung und nach Anhörung des Gemeinschuldners die Haft[2]) desselben anordnen, wenn er die ihm von dem Gesetze auferlegten Pflichten nicht erfüllt, oder wenn es zur Sicherung der Masse notwendig erscheint.

(§ 93). [1]) § 71. [2]) ZPO. §§ 904 ff., vgl. KO. § 106.

Zweiter Titel.

Eröffnungsverfahren.

§ 102. Die Eröffnung des Konkursverfahrens[1]) setzt die Zahlungsunfähigkeit des Gemeinschuldners voraus.[2])

Zahlungsunfähigkeit ist insbesondere anzunehmen, wenn Zahlungseinstellung erfolgt ist.

(§ 94). [1]) § 108. [2]) Vgl. §§ 207, 209, 213, 215, 236, 238 Abs. 3; GmbHG. § 63, GenG. §§ 98, 140, VAG. § 68.

§ 103. Das Verfahren kann nur auf Antrag eröffnet werden.

Zu dem Antrage ist der Gemeinschuldner und jeder Konkursgläubiger[1]) berechtigt.[2])

(§ 95). [1]) §§ 3, 61 ff. [2]) Vgl. §§ 208, 210, 213, 217—220, 232, 233, 236 Satz 3, 4; GmbHG. § 63 Abs. 2, GenG. § 100, VAG. § 68.

§ 104. Beantragt der Gemeinschuldner[1]) die Eröffnung des Verfahrens, so hat er ein Verzeichnis der Gläubiger und Schuldner, sowie eine Übersicht der Vermögensmasse bei Stellung des Antrags einzureichen oder, wenn dies nicht tunlich ist, ohne Verzug nachzuliefern.

(§ 96). [1]) § 103 Abs. 2.

§ 105. Der Antrag eines Gläubigers[1]) auf Eröffnung des Verfahrens ist zuzulassen, wenn die Forderung des Gläubigers und die Zahlungsunfähigkeit des Gemeinschuldners glaubhaft[2]) gemacht werden.

Wird der Antrag zugelassen, so hat das Gericht den Schuldner zu hören und, sofern dieser nicht seine Zahlungsunfähigkeit oder Zahlungseinstellung einräumt, die erforderlichen Ermittelungen[3]) anzuordnen.

Die Anhörung des Schuldners kann unterbleiben, wenn sie eine öffentliche Zustellung[4]) oder eine Zustellung im Auslande[5]) erfordert; in diesem Falle ist, soweit tunlich, ein Vertreter oder Angehöriger des Schuldners zu hören.

(§ 97). [1]) § 103 Abs. 2. [2]) ZPO. § 294. [3]) § 75. [4]) ZPO. §§ 203 ff. [5]) ZPO. §§ 199 ff.

§ 106. Das Gericht kann die zwangsweise Vorführung und die Haft[1]) des Schuldners anordnen. Dasselbe kann alle zur Sicherung der Masse dienenden einstweiligen Anordnungen treffen. Es kann insbesondere ein allgemeines Veräußerungsverbot[2]) an den Schuldner erlassen.

Bei der Abweisung[3]) des Eröffnungsantrags sind die angeordneten Sicherheitsmaßregeln aufzuheben.

(§ 98). Abs. 1 Satz 4 gestrichen Nov. 98. [1]) Vgl. § 101. [2]) BGB. §§ 136, 135. [3]) § 107.

§ 107. Die Abweisung des Eröffnungsantrags kann erfolgen, wenn nach dem Ermessen des Gerichts eine den Kosten des Verfahrens entsprechende Konkursmasse nicht vorhanden ist. Die Abweisung unterbleibt, wenn ein zur Deckung der im § 58 Nr. 1, 2 bezeichneten Massekosten ausreichender Geldbetrag vorgeschossen wird.[1])

Das Gericht hat ein Verzeichnis derjenigen Schuldner zu führen, bezüglich deren der Eröffnungsantrag auf Grund der Vorschrift des Abs. 1 Satz 1 abgewiesen worden ist. Die Einsicht des Verzeichnisses ist jedem gestattet. Nach dem Ablaufe von fünf Jahren seit der Abweisung des Eröffnungsantrags ist die Eintragung in dem Verzeichnisse dadurch zu löschen, daß der Name unkenntlich gemacht wird.

(§ 99). Abs. 1 Satz 2, Abs. 2 Nov. 98. [1]) Vgl. § 204, GenG. §§ 100 Abs. 3, 140 Satz 3, BAG. § 68 Abs. 1 Satz 1.

§ 108. Der Eröffnungsbeschluß hat die Stunde der Eröffnung anzugeben.

Ist dies versäumt worden, so gilt als Zeitpunkt der Eröffnung die Mittagsstunde des Tages, an welchem der Beschluß erlassen ist.[1])

(§ 100). [1]) Vgl. § 7 Abs. 3.

§ 109. Die sofortige Beschwerde[1]) steht gegen den Eröffnungsbeschluß[2]) nur dem Gemeinschuldner, gegen den abweisenden[3]) Beschluß nur demjenigen zu, welcher den Eröffnungsantrag gestellt[4]) hat.[5])

(§ 101). [1]) § 73 Abs. 3. [2]) § 108. [3]) § 107. [4]) § 103 Abs. 2. [5]) Vgl. BAG. § 68 Abs. 1 Satz 3.

§ 110. Bei der Eröffnung des Konkursverfahrens ernennt[1]) das Gericht den Konkursverwalter, verordnet einen nicht über einen Monat hinauszusetzenden Termin zur Beschlußfassung über die Wahl[2]) eines anderen Verwalters, sowie über die Bestellung eines Gläubigerausschusses,[3]) erläßt den offenen Arrest[4]) und bestimmt die Anmeldefrist[5]) und den allgemeinen Prüfungstermin.[6])

Das Gericht kann die Termine verbinden, wenn die Konkursmasse von geringerem Betrage oder der Kreis der Konkursgläubiger von geringerem Umfange ist, oder wenn der Gemeinschuldner einen Zwangsvergleichsvorschlag[7]) eingereicht hat.[8])

(§ 102). Abs. 2 Halbsatz 2 Nov. 98. [1]) § 78 Abs. 1. [2]) § 80. [3]) § 87 Abs. 2. [4]) § 118. [5]) § 138. [6]) § 141. [7]) §§ 173, 174. [8]) Vgl. KonsGG. § 47, SchutzgebG. § 3.

§ 111. Der Gerichtsschreiber hat die Formel des Eröffnungsbeschlusses, den offenen Arrest, die Anmeldefrist und die Termine sofort öffentlich bekannt zu machen.[1])

Die Bekanntmachung ist, unbeschadet der Vorschriften des § 76 Abs. 1, auszugsweise in den Deutschen Reichsanzeiger einzurücken.

An die ihrem Wohnorte nach bekannten Gläubiger und Schuldner des Gemeinschuldners erfolgt besondere[2]) Zustellung.

(§ 103). [1]) § 76 Abs. 1. [2]) § 77 Abs. 1.

§ 112. Der Gerichtsschreiber hat unter Bezeichnung des Konkursverwalters beglaubigte Abschriften der Formel des Eröffnungsbeschlusses den Behörden für die Führung des Handels-[1]) oder Genossenschaftsregisters[2]) oder ähnlicher Register und der Dienstbehörde des Gemeinschuldners mitzuteilen.[3])

(§ 104). [1]) HGB. §§ 8 ff., FGG. §§ 125 ff., HGB. §§ 32, 34 Abs. 5. [2]) GenG. § 10 Abs. 2. [3]) § 102.

§ 113. Ein von dem Konkursgericht[1]) in Gemäßheit des § 106 erlassenes allgemeines Veräußerungsverbot, sowie die Eröffnung des Konkursverfahrens[2]) ist in das Grundbuch einzutragen:

1. bei denjenigen Grundstücken, als deren Eigentümer der Gemeinschuldner im Grundbuch eingetragen ist;
2. bei den für den Gemeinschuldner eingetragenen Rech-

ten an Grundstücken oder an eingetragenen Rechten, wenn nach der Art des Rechts und den obwaltenden Umständen bei Unterlassung der Eintragung eine Beeinträchtigung der Konkursgläubiger zu besorgen ist.

Das Konkursgericht hat, soweit ihm solche Grundstücke oder Rechte bekannt sind, das Grundbuchamt von Amts wegen um die Eintragung zu ersuchen.[3])

Die Eintragung kann auch von dem Konkursverwalter bei dem Grundbuchamte beantragt[4]) werden.

(§ 106). Nov. 98. [1]) § 71. [2]) § 108. [3]) GBO. § 39. [4]) GBO. §§ 13, 28.

§ 114. Werden Grundstücke oder Rechte, bei denen eine Eintragung nach Maßgabe des § 113 Abs. 1, 2 bewirkt worden ist, von dem Verwalter freigegeben oder veräußert, so kann das Konkursgericht auf Antrag das Grundbuchamt um Löschung der Eintragung ersuchen.[1])

(§ 106a). Nov. 98. [1]) GBO. § 39.

§ 115. Die Eintragung und Löschung von Vermerken auf Grund der §§ 113, 114 geschieht gebührenfrei.

(§ 106b). Nov. 98.

§ 116. Sobald eine den Eröffnungsbeschluß aufhebende Entscheidung die Rechtskraft erlangt hat, ist die Aufhebung des Verfahrens öffentlich bekannt[1]) zu machen. Die Vorschriften der §§ 111 Abs. 2, 112, 113, 191 finden entsprechende Anwendung.

(§ 106c). Nov. 98. [1]) § 76.

Dritter Titel.

Teilungsmasse.

§ 117. Nach der Eröffnung des Verfahrens hat der Verwalter[1]) das gesamte zur Konkursmasse gehörige Vermögen[2]) sofort in Besitz[3]) und Verwaltung[4]) zu nehmen und dasselbe zu verwerten.[5])

Die Geschäftsbücher[6]) des Gemeinschuldners dürfen nur mit dem Geschäft im Ganzen[7]) und nur insoweit veräußert werden, als sie zur Fortführung des Geschäftsbetriebs unentbehrlich sind.

(§ 107). Abs. 2 Nov. 98. [1]) §§ 78 ff. [2]) §§ 1, 2. [3]) BGB. §§ 854 ff. [4]) § 6 Abs. 2. [5]) §§ 126 ff. [6]) § 1 Abs. 3. [7]) § 134 Nr. 1.

§ 118. Durch den offenen Arrest[1]) wird allen Personen, welche eine zur Konkursmasse gehörige Sache[2]) in Besitz[3]) haben oder zur Konkursmasse etwas schuldig sind, aufgegeben, nichts an den Gemeinschuldner zu verabfolgen oder zu leisten,[4]) auch die Verpflichtung auferlegt, von dem Besitze der Sache und von den Forderungen, für welche sie aus der Sache abgesonderte Befriedigung[5]) in Anspruch nehmen, dem Konkursverwalter innerhalb einer bestimmten Frist Anzeige zu machen.

(§ 108). [1]) § 110. [2]) §§ 1, 2. [3]) BGB. §§ 854 ff. [4]) Vgl. § 8. [5]) §§ 4, 47 ff.

§ 119. Wer die Anzeige[1]) über den Besitz von Sachen des Gemeinschuldners innerhalb der bestimmten Frist zu machen unterläßt, haftet für allen aus der Unterlassung oder Verzögerung der Anzeige entstehenden Schaden.[2])

(§ 109). [1]) § 118. [2]) BGB. §§ 249 ff.

§ 120. Gläubiger, welche abgesonderte Befriedigung[1]) aus einer in ihrem Besitze befindlichen Sache beanspruchen, haben dem Verwalter auf dessen Verlangen die Sache zur Ansicht vorzuzeigen[2]) und die Abschätzung derselben zu gestatten.

(§ 110). [1]) §§ 4, 47—52. [2]) Vgl. BGB. § 809.

§ 121. Die Post- und Telegraphenanstalten sind verpflichtet, auf Anordnung des Konkursgerichts[1]) alle für den Gemeinschuldner eingehenden Sendungen, Briefe und Depeschen dem Verwalter auszuhändigen. Dieser ist zur Eröffnung derselben berechtigt.[2]) Der Gemeinschuldner kann die Einsicht und, wenn ihr Inhalt die Masse nicht betrifft, die Herausgabe derselben verlangen.

Das Gericht kann die Anordnung auf Antrag des Gemeinschuldners nach Anhörung des Verwalters aufheben oder beschränken.

(§ 111). [1]) § 71. [2]) PostG. § 5, TelG. § 8.

§ 122. Der Verwalter kann zur Sicherung der zur Konkursmasse gehörigen Sachen durch eine zur Vornahme solcher Handlungen gesetzlich ermächtigte Person siegeln lassen.

Die Geschäftsbücher[1]) des Gemeinschuldners sind durch den Gerichtsschreiber zu schließen

(§ 112). [1]) § 1 Abs. 2.

§ 123. Der Verwalter hat die einzelnen zur Konkursmasse gehörigen Gegenstände[1]) unter Angabe ihres Werts aufzuzeichnen. Der Wert ist erforderlichenfalls durch Sachverständige zu ermitteln. Bei der Aufzeichnung ist eine obrigkeitliche oder eine Urkundsperson zuzuziehen. Der Gemeinschuldner ist zuzuziehen, wenn er ohne Aufschub zu erlangen ist.

Auf Antrag des Verwalters und, wenn ein Gläubigerausschuß[2]) bestellt ist, des letzteren, kann das Gericht gestatten, daß die Aufzeichnung unterbleibe oder ohne Zuziehung einer obrigkeitlichen oder einer Urkundsperson vorgenommen werde

(§ 113). [1]) §§ 1, 2. [2]) § 87

§ 124. Dem Verwalter liegt die Anfertigung eines Inventars und einer Bilanz[1]) ob. Derselbe hat eine von ihm gezeichnete Abschrift des Inventars und der Bilanz und, wenn eine Siegelung[2]) und Entsiegelung stattgefunden hat, die Protokolle über dieselben auf der Gerichtsschreiberei zur Einsicht der Beteiligten niederzulegen.

(§ 114) [1]) HGB. §§ 39 ff. [2]) § 122.

§ 125. Nach der Anfertigung des Inventars kann der Verwalter oder ein Konkursgläubiger den Gemeinschuldner in eine Sitzung des Amtsgerichts, bei welchem das Konkursverfahren anhängig[1]) ist, zur Leistung des Offenbarungseides[2]) laden.

(§ 115). [1]) § 71, vgl. ZPO. § 899. [2]) ZPO. §§ 900 ff.

§ 126. Die Zwangsverwaltung[1]) und die Zwangsversteigerung[2]) der zur Masse[3]) gehörigen unbeweglichen

Gegenstände kann bei der zuständigen Behörde[4]) durch den Konkursverwalter betrieben[5]) werden.

(§ 116). [1]) ZVG. §§ 146—171. [2]) ZVG. §§ 15 ff. [3]) §§ 1, 2. [4]) ZVG. §§ 1, 2, EG.ZVG. § 13. [5]) ZVG. §§ 172—174.

§ 127. Der Verwalter ist berechtigt, die Verwertung[1]) eines zur Masse[2]) gehörigen beweglichen Gegenstandes, an welchem ein Gläubiger ein durch Rechtsgeschäft bestelltes Pfandrecht[3]) oder ein diesem gleichstehendes[4]) Recht beansprucht, nach Maßgabe der Vorschriften über die Zwangsvollstreckung[5]) oder über den Pfandverkauf[6]) zu betreiben. Der Gläubiger kann einer solchen Verwertung nicht widersprechen, vielmehr seine Rechte nur auf den Erlös geltend machen.

Ist der Gläubiger befugt, sich aus dem Gegenstande ohne gerichtliches Verfahren zu befriedigen,[7]) so kann auf Antrag des Verwalters das Konkursgericht[8]) dem Gläubiger nach dessen Anhörung eine Frist bestimmen, innerhalb welcher er den Gegenstand zu verwerten hat. Nach dem Ablaufe der Frist findet die Vorschrift des ersten Absatzes Anwendung.

(§ 117). Abs. 1 S. 1 Nov. 98. [1]) § 117 Abs. 1. [2]) §§ 1, 2. [3]) § 48. [4]) § 49. [5]) ZPO. § 803, 814 ff. [6]) BGB. §§ 1235 ff. [7]) Vgl. BGB. §§ 1219 ff., 1228 ff., 1257, HGB. §§ 368, 371. [8]) § 71.

§ 128. Ist der Gemeinschuldner Vorerbe,[1]) so darf der Verwalter die zur Erbschaft gehörigen Gegenstände nicht veräußern, wenn die Veräußerung im Falle des Eintritts der Nacherbfolge nach § 2115 des Bürgerlichen Gesetzbuchs dem Nacherben gegenüber unwirksam ist.

(§ 117a). Nov. 98. [1]) BGB. §§ 2100 ff.

§ 129. Bis zur Beschlußfassung durch eine Gläubigerversammlung[1]) kann der Verwalter mit Genehmigung des Gerichts[2]) oder, wenn von dem Gerichte ein Gläubigerausschuß[3]) bestellt ist, mit dessen Genehmigung dem Gemeinschuldner und der Familie desselben notdürftigen Unterhalt[4]) aus der Konkursmasse[5]) gewähren.

Bis zur Beschlußfassung durch eine Gläubigerversammlung[1]) hat der Verwalter nach seinem Ermessen das Geschäft des Gemeinschuldners zu schließen oder fortzuführen und die Gelder, Wertpapiere und Kostbarkeiten nach Anordnung des Gerichts zu hinterlegen. Ist von dem Gerichte ein Gläubigerausschuß bestellt,[2]) so beschließt dieser über die Schließung oder die Fortführung des Geschäfts und über die Hinterlegung der Gelder, Wertpapiere und Kostbarkeiten.

(§ 118). [1]) § 132. [2]) § 71. [3]) § 87. [4]) Vgl. BGB. §§ 1611, 1610. [5]) §§ 58 Nr. 3, 60.

§ 130. Soll nach § 129 das Geschäft des Gemeinschuldners geschlossen werden, so hat der Verwalter vor der Beschlußfassung des Gläubigerausschusses oder, wenn ein Gläubigerausschuß nicht bestellt ist, vor der Schließung des Geschäfts dem Gemeinschuldner, sofern derselbe ohne Aufschub zu erlangen ist, von der beabsichtigten Maßregel Mitteilung[1]) zu machen.

Das Gericht[2]) kann auf Antrag des Gemeinschuldners die Schließung des Geschäfts untersagen, wenn der Gemeinschuldner einen Zwangsvergleichsvorschlag[3]) eingereicht hat.

(§ 118a). Nov. 98. [1]) § 77 Abs. 2. [2]) § 71. [3]) §§ 173, 174.

§ 131. In der ersten Gläubigerversammlung[1]) hat der Verwalter über die Entstehung der Zahlungsunfähigkeit[2]) des Gemeinschuldners, über die Lage der Sache und über die bisher ergriffenen Maßregeln zu berichten.

(§ 119). [1]) § 110. [2]) § 102.

§ 132. Die Gläubigerversammlung[1]) beschließt über eine dem Gemeinschuldner und dessen Familie zu bewilligende Unterstützung,[2]) über die Schließung oder die Fortführung des Geschäfts und über die Stelle, bei welcher, sowie über die Bedingungen, unter welchen die Gelder, Wertpapiere und Kostbarkeiten hinterlegt oder angelegt werden sollen.

Die Gläubigerversammlung beschließt, in welcher Weise und in welchen Zeiträumen der Verwalter ihr oder einem Gläubigerausschusse[3]) über die Verwaltung und Verwertung[4]) der Masse Bericht erstatten und Rechnung[5]) legen soll.

(§ 120). [1]) §§ 94 ff. [2]) § 58 Nr. 3. [3]) § 88. [4]) § 117. [5]) Vgl. § 86.

§ 133. Der Verwalter hat, falls ein Gläubigerausschuß[1]) bestellt ist, dessen Genehmigung einzuholen:

1. wenn Gegenstände, deren Verkauf ohne offenbaren Nachteil für die Masse ausgesetzt werden kann und nicht durch die Fortführung des Geschäfts veranlaßt wird, verkauft werden sollen, bevor der allgemeine Prüfungstermin[2]) abgehalten oder ein vor dem Schlusse desselben eingereichter Zwangsvergleichsvorschlag[3]) erledigt ist;
2. wenn die Erfüllung[4]) von Rechtsgeschäften des Gemeinschuldners verlangt, Prozesse anhängig gemacht, deren Aufnahme[5]) abgelehnt, Vergleiche[6]) oder Schiedsverträge[7]) geschlossen, Aussonderungs-,[8]) Absonderungs-[9]) oder Masseansprüche[10]) anerkannt, Pfandstücke eingelöst, oder Forderungen veräußert werden sollen, und es sich in diesen Fällen um einen Wertgegenstand von mehr als dreihundert Mark handelt.

(§ 121). [1]) § 87. [2]) § 141. [3]) §§ 173, 174. [4]) §§ 17 ff., 59 Nr. 2. [5]) §§ 10, 11, 146, AnfG. § 13. [6]) BGB. § 779. [7]) ZPO. § 1025. [8]) §§ 43 ff. [9]) §§ 4, 47 ff. [10]) §§ 57 ff.

§ 134. Der Verwalter hat die Genehmigung des Gläubigerausschusses[1]) oder, wenn ein solcher nicht bestellt ist, die Genehmigung einer Gläubigerversammlung[2]) einzuholen:

1. wenn ein unbeweglicher Gegenstand aus freier Hand, oder das Geschäft oder das Warenlager des Gemeinschuldners im Ganzen, oder das Recht auf den Bezug wiederkehrender Einkünfte veräußert werden soll;
2. wenn Darlehen[3]) aufgenommen, fremde Verbindlichkeiten übernommen,[4]) zur Masse gehörige Gegenstände verpfändet, oder Grundstücke erstanden werden sollen.

(§ 122). Nov. 98. [1]) § 87. [2]) §§ 94 ff. [3]) BGB. §§ 607 ff. [4]) BGB. §§ 329, 414 ff.

§ 135. Der Verwalter hat in den Fällen der §§ 133, 134 vor der Beschlußfassung des Gläubigerausschusses oder der Gläubigerversammlung, und in den Fällen des § 133, wenn ein Gläubigerausschuß nicht bestellt ist, vor der Vornahme der Rechtshandlung dem Gemeinschuldner, sofern derselbe ohne Aufschub zu erlangen ist, von der beabsichtigten Maßregel Mitteilung[1]) zu machen.

Das Gericht kann auf Antrag des Gemeinschuldners, sofern nicht die Gläubigerversammlung die Genehmigung erteilt hat, die Vornahme der Rechtshandlung vorläufig untersagen und zur Beschlußfassung über die Vornahme eine Gläubigerversammlung berufen.

(§ 123). [1]) § 77 Abs. 2.

§ 136. Durch die Vorschriften der §§ 133—135 wird die Gültigkeit einer Rechtshandlung des Verwalters dritten Personen gegenüber nicht berührt.

(§ 124).

§ 137. Wenn ein Gläubigerausschuß bestellt[1]) ist, und die Gläubigerversammlung[2]) nicht ein anderes beschließt, bedürfen Quittungen[3]) des Verwalters über den Empfang von Geldern, Wertpapieren oder Kostbarkeiten von der Hinterlegungsstelle[4]) und Anweisungen des Verwalters auf die Hinterlegungsstelle zu ihrer Gültigkeit der Mitzeichnung eines Mitgliedes des Gläubigerausschusses.

(§ 125). [1]) § 87. [2]) §§ 94 ff. [3]) BGB. § 368. [4]) Vgl. §§ 129 Abs. 2, 132 Abs. 2.

Vierter Titel.

Schuldenmasse.

§ 138. Die Frist zur Anmeldung der Konkursforderungen[1]) beträgt zwei Wochen bis drei Monate. Der Zeitraum zwischen dem Ablaufe der Anmeldefrist und dem allgemeinen Prüfungstermine[2]) soll mindestens eine Woche und höchstens zwei Monate betragen.[3])

(§ 126). Satz 1 Nov. 98. [1]) § 3. [2]) § 141. [3]) Vgl. KonsGG. § 47, SchutzgebG. § 3.

§ 139. Die Anmeldung[1]) hat die Angabe des Betrages und des Grundes der Forderung sowie des beanspruchten Vorrechts[2]) zu enthalten. Sie kann bei dem Gerichte schriftlich eingereicht oder zum Protokolle des Gerichtsschreibers angebracht werden. Die urkundlichen Beweisstücke oder eine Abschrift derselben sind beizufügen.

(§ 127). [1]) Vgl. § 229 (Nachlaßkonkurs), BAG. § 62, SchuldverschrG. §§ 18, 19. [2]) § 61.

§ 140. Die Anmeldungen sind in der Gerichtsschreiberei zur Einsicht der Beteiligten niederzulegen.

Der Gerichtsschreiber hat jede Forderung sofort nach der Anmeldung derselben in der Rangordnung des beanspruchten Vorrechts[1]) in eine Tabelle einzutragen, welche innerhalb des ersten Drittels des zwischen dem Ablaufe der Anmeldefrist und dem Prüfungstermine liegenden Zeitraums[2]) auf der Gerichtsschreiberei zur Einsicht der Beteiligten niederzulegen und abschriftlich dem Verwalter mitzuteilen ist.

(§ 128). [1]) § 61. [2]) § 138.

§ 141. In dem Prüfungstermine werden die angemeldeten Forderungen ihrem Betrage und ihrem Vorrechte[1]) nach einzeln erörtert.

Der Gemeinschuldner hat sich über die Forderungen zu erklären.

(§ 129). [1]) § 61.

§ 142. In dem Prüfungstermine sind auch diejenigen Forderungen, welche nach dem Ablaufe der Anmeldefrist[1]) angemeldet sind, zu prüfen, wenn weder der Verwalter noch ein Konkursgläubiger hiergegen Widerspruch erhebt; anderenfalls ist auf Kosten des Säumigen ein besonderer Prüfungstermin zu bestimmen.

Auf nachträglich beanspruchte Vorrechte und sonstige Änderungen der Anmeldung findet die vorstehende Bestimmung entsprechende Anwendung.

Gläubiger, welche Forderungen nach dem Prüfungstermine anmelden, tragen die Kosten des besonderen Prüfungstermins.

(§ 130). [1]) § 138.

§ 143. Die Prüfung einer angemeldeten Forderung findet statt, wenngleich der anmeldende Gläubiger im Prüfungstermine ausbleibt.

(§ 131).

§ 144. Eine Forderung gilt als festgestellt, soweit gegen sie im Prüfungstermine[1]) ein Widerspruch weder von dem Verwalter noch von einem Konkursgläubiger erhoben wird, oder soweit ein erhobener Widerspruch beseitigt ist.

Ist die Forderung vom Gemeinschuldner im Prüfungstermine bestritten,[2]) so kann ein Rechtsstreit, welcher über dieselbe zur Zeit der Eröffnung des Konkursverfahrens anhängig war, gegen den Gemeinschuldner aufgenommen[3]) werden.

(§ 132). [1]) §§ 141, 142. [2]) Vgl. §§ 164 Abs. 2, 194, 206. [3]) ZPO. §§ 240, 250.

§ 145. Das Gericht hat nach der Erörterung[1]) einer jeden Forderung das Ergebnis in die Tabelle[2]) einzutragen. Auf Wechseln und sonstigen Schuldurkunden ist von dem Gerichtsschreiber die Feststellung zu vermerken.

Die Eintragung in die Tabelle gilt rücksichtlich der festgestellten[3]) Forderungen ihrem Betrage und ihrem Vorrechte nach wie ein rechtskräftiges Urteil gegenüber allen Konkursgläubigern.[4])

(§ 133). [1]) § 141. [2]) § 140 Abs. 2. [3]) § 144 Abs. 1. [4]) Vgl. § 164.

§ 146. Den Gläubigern streitig gebliebener Forderungen bleibt überlassen, die Feststellung derselben gegen die Bestreitenden zu betreiben. Zu diesem Behufe hat das Gericht[1]) den Gläubigern einen Auszug aus der Tabelle in beglaubigter Form zu erteilen.

Auf die Feststellung ist im ordentlichen Verfahren Klage zu erheben. Für die Klage ist das Amtsgericht, bei welchem das Konkursverfahren anhängig[1]) ist und, wenn der Streitgegenstand zur Zuständigkeit der Amtsgerichte[2]) nicht gehört, das Landgericht ausschließlich zuständig, zu dessen Bezirke der Bezirk des Konkursgerichts[1]) gehört.

War zur Zeit der Eröffnung[3]) des Konkursverfahrens ein Rechtsstreit über die Forderung anhängig, so ist die Feststellung derselben durch Aufnahme[4]) des Rechtsstreits zu verfolgen.

Die Feststellung kann nur auf den Grund gestützt und nur auf den Betrag gerichtet werden, welcher in der Anmeldung oder dem Prüfungstermine[5]) angegeben ist.

Die Bestimmungen des ersten, dritten und vierten Absatzes finden auf Forderungen, für deren Feststellung ein besonderes Gericht,[6]) eine Verwaltungsbehörde oder ein Verwaltungsgericht zuständig ist, entsprechende Anwendung.

Der Widerspruch gegen eine Forderung, für welche ein mit der Vollstreckungsklausel[7]) versehener Schuldtitel,[8]) ein Endurteil[9]) oder ein Vollstreckungsbefehl[10]) vorliegt, ist von dem Widersprechenden zu verfolgen.

Die obsiegende Partei hat die Berichtigung der Tabelle zu erwirken.

(§ 134). [1]) § 71. [2]) GBG. §§ 23, 70. [3]) § 108. [4]) ZPO. §§ 250, 240. [5]) §§ 139, 141. [6]) GBG. § 14. [7]) ZPO. § 725. [8]) ZPO. §§ 704, 794, 801, KO. §§ 164 Abs. 2, 194 206. [9]) ZPO. §§ 300, 301, 330, 331. [10]) ZPO. §§ 699 ff.

§ 147. Soweit durch ein Urteil rechtskräftig[1]) eine Forderung festgestellt oder ein Widerspruch für begründet erklärt ist, wirkt dasselbe gegenüber allen Konkursgläubigern.[2]) War der Prozeß nur gegen einzelne Gläubiger geführt, so können diese den Ersatz ihrer Prozeßkosten aus der Konkursmasse[3]) insoweit verlangen, als der letzteren durch das Urteil ein Vorteil erwachsen ist.

(§ 135). [1]) ZPO. § 705. [2]) § 3. [3]) § 59 Nr. 3.

§ 148. Der Wert des Streitgegenstandes eines Prozesses über die Richtigkeit oder das Vorrecht einer Forderung ist mit Rücksicht auf das Verhältnis der Teilungs-[1]) zur Schuldenmasse[2]) von dem Prozeßgerichte nach freiem Ermessen festzusetzen.

(§ 136). [1]) §§ 117 ff. [2]) §§ 138 ff.

Fünfter Titel.

Verteilung.

§ 149. Nach der Abhaltung des allgemeinen Prüfungstermins[1]) soll, so oft hinreichende bare Masse vorhanden ist, eine Verteilung an die Konkursgläubiger[2]) erfolgen.

(§ 137). [1]) § 141. [2]) § 152 ff.

§ 150. Zur Vornahme einer Verteilung hat der Verwalter, wenn ein Gläubigerausschuß[1]) bestellt ist, dessen Genehmigung einzuholen.

(§ 138). [1]) § 87.

§ 151. Vor der Vornahme einer Verteilung hat der Verwalter ein Verzeichnis der bei derselben zu berücksichtigenden Forderungen[1]) auf der Gerichtsschreiberei zur Einsicht der Beteiligten niederzulegen und die Summe der Forderungen sowie den zur Verteilung verfügbaren Massebestand öffentlich bekannt[2]) zu machen.

(§ 139). [1]) §§ 152—156. [2]) § 76.

§ 152. Konkursgläubiger, deren Forderungen nicht festgestellt[1]) sind und für deren Forderungen ein mit der Vollstreckungsklausel versehener Schuldtitel, ein Endurteil oder ein Vollstreckungsbefehl nicht vorliegt,[2]) haben bis zum Ablaufe einer Ausschlußfrist von zwei Wochen nach der öffentlichen Bekanntmachung[3]) dem Verwalter den Nachweis zu führen, daß und für welchen Betrag die Feststellungsklage[4]) erhoben oder das Verfahren in dem früher anhängigen Prozesse aufgenommen[5]) ist.[6]) Wird der Nachweis nicht rechtzeitig geführt, so werden die Forderungen bei der vorzunehmenden Verteilung nicht berücksichtigt.

(§ 140). [1]) § 144 Abs. 1. [2]) § 146 Abs. 6. [3]) § 151. [4]) § 146 Abs. 2. [5]) § 146 Abs. 3. [6]) Vgl. KonsGG. § 47, SchutzgebG. § 3.

§ 153. Gläubiger, von welchen abgesonderte Befriedigung[1]) beansprucht wird, haben bis zum Ablaufe der Ausschlußfrist[2]) dem Verwalter den Nachweis ihres Verzichts oder ihres Ausfalls nach Maßgabe des § 64 zu führen. Wird der Nachweis nicht rechtzeitig geführt, so werden die Forderungen bei der vorzunehmenden Verteilung nicht berücksichtigt.

Zur Berücksichtigung bei einer Abschlagsverteilung genügt es, wenn bis zum Ablaufe der Ausschlußfrist dem Verwalter der Nachweis, daß die Veräußerung des zur abgesonderten Befriedigung dienenden Gegenstandes betrieben ist, geführt und der Betrag des mutmaßlichen Ausfalls glaubhaft gemacht wird.[3])

(§ 141). [1]) §§ 4, 47—52. [2]) § 152. [3]) Vgl. §§ 168 Nr. 3; 234, 236; HypBankG. § 35, BAG. § 61.

§ 154. Forderungen unter aufschiebender Bedingung[1]) werden bei einer Abschlagsverteilung zu dem Betrage berücksichtigt, welcher auf die unbedingte Forderung fallen würde.

Bei der Schlußverteilung[2]) ist die Berücksichtigung ausgeschlossen, wenn die Möglichkeit des Eintritts der Bedingung eine so entfernte ist, daß die bedingte Forderung einen gegenwärtigen Vermögenswert nicht hat.

(§ 142). Abs. 2 Nov. 98. [1]) §§ 67, 168 Nr. 2. [2]) § 161.

§ 155. Gläubiger, welche bei einer Abschlagsverteilung nicht berücksichtigt worden sind, können nachträglich, sobald sie die Vorschriften der §§ 152, 153 erfüllt haben, die bisher festgesetzten Prozentsätze[1]) aus der Restmasse verlangen, soweit diese reicht und nicht infolge des Ablaufs einer Ausschlußfrist für eine neue Verteilung zu verwenden ist.[2])

(§ 143). [1]) § 159. [2]) Vgl. Bem. 3 zu § 153.

§ 156. Die Anteile, mit welchen Gläubiger bei Abschlagszahlungen nach Maßgabe des § 153 Abs. 2 oder des § 154 Abs. 1 berücksichtigt worden sind, werden für die Schlußverteilung[1]) frei, wenn bei dieser die Voraussetzungen des § 153 Abs. 1 nicht erfüllt sind oder nach Maßgabe des § 154 Abs. 2 die Berücksichtigung der bedingten Forderung ausgeschlossen ist.[2])

(§ 144). Nov. 98. [1]) § 161. [2]) Vgl. Bem. 3 zu § 153.

§ 157. Binnen drei Tagen nach dem Ablaufe der Ausschlußfrist[1]) hat der Verwalter die auf Grund der vorstehenden Bestimmungen erforderlichen Änderungen des Verzeichnisses[2]) zu bewirken.

(§ 145). [1]) § 152. [2]) § 151.

§ 158. Bei einer Abschlagsverteilung sind Einwendungen gegen das Verzeichnis bis zum Ablaufe einer Woche nach dem Ende der Ausschlußfrist bei dem Konkursgerichte[1]) zu erheben.

Das Gericht entscheidet über die Einwendungen. Die Entscheidung, durch welche eine Berichtigung des Verzeichnisses angeordnet wird, ist auf der Gerichtsschreiberei niederzulegen. Die Beschwerdefrist[2]) beginnt mit dem Tage, an welchem die Niederlegung der Entscheidung erfolgt ist.

(§ 146). [1]) § 71. [2]) § 73 Abs. 2, ZPO. § 577 Abs. 2.

§ 159. Für eine Abschlagsverteilung bestimmt der Verwalter und, wenn ein Gläubigerausschuß bestellt[1]) ist, dieser auf Antrag des Verwalters den zu zahlenden Prozentsatz.

Der Verwalter hat den Prozentsatz den berücksichtigten Gläubigern mitzuteilen.[2])

(§ 147). [1]) § 87. [2]) § 77 Abs. 2.

§ 160. Das Gericht kann auf Antrag des Gemeinschuldners, wenn derselbe einen Zwangsvergleich[1]) vorgeschlagen hat, die Aussetzung einer Abschlagsverteilung anordnen, sofern nicht schon die Ausschlußfrist[2]) abgelaufen ist.

(§ 148). [1]) §§ 173 ff. [2]) § 152.

§ 161. Die Schlußverteilung erfolgt, sobald die Verwertung[1]) der Masse beendigt ist.

Die Vornahme der Schlußverteilung unterliegt der Genehmigung des Gerichts.

(§ 149). [1]) § 117 Abs. 1, §§ 126 ff.

§ 162. Zur Abnahme der Schlußrechnung,[1]) zur Erhebung von Einwendungen gegen das Schlußverzeichnis[2]) und zur Beschlußfassung der Gläubiger über die nicht verwertbaren Vermögensstücke bestimmt das Gericht einen Schlußtermin, welcher nicht unter drei Wochen und nicht über einen Monat hinaus anzuberaumen ist.

Die Bestimmungen des § 158 Abs. 2 finden auf die Schlußverteilung Anwendung.

(§ 150). [1]) § 86. [2]) §§ 151, 157.

§ 163. Nach der Abhaltung des Schlußtermins beschließt das Gericht[1]) die Aufhebung[2]) des Konkursverfahrens. Eine Anfechtung des Beschlusses findet nicht statt.

Der Beschluß und der Grund der Aufhebung sind öffentlich bekannt[3]) zu machen.

Die Vorschriften der §§ 111 Abs. 2, 112, 113 finden entsprechende Anwendung.

(§ 151). [1]) § 71. [2]) Vgl. §§ 190, 116. [3]) § 76.

§ 164. Nach der Aufhebung des Konkursverfahrens[1]) können die nicht befriedigten Konkursgläubiger ihre Forderungen gegen den Schuldner unbeschränkt geltend machen.

Für die Gläubiger, deren Forderungen festgestellt[2]) und nicht von dem Gemeinschuldner im Prüfungstermine ausdrücklich bestritten[3]) worden sind, findet gegen den Schuldner aus der Eintragung in die Tabelle[4]) die Zwangsvollstreckung unter entsprechender Anwendung der §§ 724—793 der Zivilprozeßordnung statt.[5])

Für Klagen auf Erteilung der Vollstreckungsklausel,[6]) sowie für Klagen, durch welche die die Forderung selbst betreffenden Einwendungen[7]) geltend gemacht werden, oder der bei der Erteilung der Vollstreckungsklausel als bewiesen angenommene Eintritt der Tatsache, von welcher die Vollstreckung aus der Eintragung in die Tabelle abhängt,[8]) oder die als eingetreten angenommene Rechtsnachfolge[9]) bestritten wird, ist das im § 146 Abs. 2 dieses Gesetzes bezeichnete Gericht zuständig.

(§ 152) [1]) § 163. [2]) § 144 Abs. 1. [3]) § 144 Abs. 2. [4]) §§ 140 Abs. 2, 145 Abs. 1. [5]) Vgl. § 145 Abs. 2. [6]) ZPO. § 731. [7]) ZPO. § 767. [8]) ZPO. § 768. [9]) ZPO. §§ 768, 727 ff.

§ 165. Hat der Schuldner den Prüfungstermin[1]) versäumt, so ist ihm auf Antrag die Wiedereinsetzung in den vorigen Stand zu erteilen. Die Vorschriften des § 232 Abs. 2 und der §§ 233—236 der Zivilprozeßordnung finden entsprechende Anwendung. Der den Antrag auf Wiedereinsetzung enthaltende Schriftsatz ist dem Gläubiger zuzustellen, dessen Forderung nachträglich bestritten[2]) werden soll. Das Bestreiten in diesem Schriftsatze steht, wenn die Wiedereinsetzung erteilt wird, dem Bestreiten im Prüfungstermine gleich und ist in die Tabelle einzutragen.

(§ 152a). Nov. 98. [1]) § 141. [2]) § 144 Abs. 2.

§ 166. Wenn nach dem Vollzuge der Schlußverteilung[1]) Beträge, welche von der Masse zurückbehalten[2]) sind, für dieselbe frei werden, oder Beträge, welche aus der Masse gezahlt sind, zur Masse zurückfließen, so sind dieselben von dem Verwalter nach Anordnung des Konkursgerichts[3]) auf Grund des Schlußverzeichnisses[4]) zur nachträglichen Verteilung zu bringen. Die über die Verwaltung und Verteilung solcher Beträge abzulegende Rechnung unterliegt der Prüfung des Konkursgerichts.

Dasselbe gilt, wenn nach der Schlußverteilung oder der Aufhebung[5]) des Verfahrens zur Konkursmasse gehörige Vermögensstücke[6]) ermittelt werden.

(§ 153). [1]) § 161. [2]) §§ 168, 171. [3]) § 71. [4]) §§ 162, 151, 157. [5]) § 163. [6]) §§ 1, 2.

§ 167. Der Vollzug einer jeden Verteilung erfolgt durch den Verwalter.

(§ 154).

§ 168. Die Anteile

1. auf Forderungen, welche infolge eines bei der Prüfung erhobenen Widerspruchs[1]) im Prozesse[2]) befangen sind,
2. auf Forderungen, welche von einer aufschiebenden Bedingung abhängen,[3])
3. auf Forderungen, für welche eine abgesonderte Befriedigung[4]) beansprucht und der Vorschrift des § 153 Abs. 2 genügt ist,[5])
4. auf Forderungen unter auflösender Bedingung,[6]) sofern der Gläubiger zu einer Sicherheitsleistung verpflichtet ist und die Sicherheit nicht leistet,

werden zurückbehalten.[7])

(§ 155). [1]) § 144 Abs. 1. [2]) § 146. [3]) §§ 67, 154, 156. [4]) §§ 4, 47 ff., 64, 153, 156. [5]) Vgl. Bem. 3 zu § 153. [6]) § 66. [7]) Vgl. GenG. §§ 115, 125.

§ 169. Die Beträge, welche bei dem Vollzuge der Schlußverteilung zurückzubehalten[1]) sind, oder welche bis zu diesem Zeitpunkte nicht erhoben werden, hat der

Verwalter nach Anordnung des Gerichts[2]) für Rechnung der Beteiligten zu hinterlegen.

(§ 156). [1]) § 168. [2]) § 71.

§ 170. Zahlungen auf festgestellte[1]) bevorrechtigte[2]) Forderungen kann der Verwalter mit Ermächtigung des Gerichts[3]) unabhängig von den Verteilungen leisten.

(§ 157). [1]) § 144 Abs. 1. [2]) § 61 Nr. 1—5 u. Erweiterungen. [3]) § 71.

§ 171. Beträge, welche zur Sicherstellung eines bedingt zur Aufrechnung befugten Gläubigers nach Maßgabe des § 54 Abs. 3 hinterlegt worden sind, fließen für die Schlußverteilung zur Konkursmasse zurück, wenn die Möglichkeit des Eintritts der Bedingung eine so entfernte ist, daß die bedingte Forderung einen gegenwärtigen Vermögenswert nicht hat.

(§ 158). Nov. 98.

§ 172. Masseansprüche,[1]) welche nicht bis zu der Festsetzung des Prozentsatzes oder der Beendigung des Schlußtermins[2]) oder der Bekanntmachung einer Nachtragsverteilung[3]) zur Kenntnis des Verwalters gelangt sind, können nicht auf den Massebestand geltend gemacht werden, welcher zur Auszahlung des festgesetzten Prozentsatzes erforderlich ist oder den Gegenstand der Schlußverteilung oder der Nachtragsverteilung bildet.

(§ 159). [1]) §§ 57 ff. [2]) § 162. [3]) § 166.

Sechster Titel.

Zwangsvergleich.

§ 173. Sobald der allgemeine Prüfungstermin[1]) abgehalten und solange nicht die Vornahme der Schlußverteilung genehmigt[2]) worden ist, kann auf den Vorschlag des Gemeinschuldners[3]) zwischen diesem und den nicht bevorrechtigten Konkursgläubigern[4]) ein Zwangsvergleich geschlossen werden.[5])

(§ 160). [1]) § 141. [2]) § 161 Abs. 2. [3]) Vgl. §§ 211, 230. [4]) § 61 Nr. 6, 64; vgl. §§ 230 Abs. 2 S. 1, 236. [5]) Vgl. GenG. § 116 Abs. 1, BAG. §§ 52, 53, EG. KO. § 6.

§ 174. Der Vergleichsvorschlag muß angeben, in welcher Weise die Befriedigung der Gläubiger erfolgen, sowie ob und in welcher Art eine Sicherstellung derselben bewirkt werden soll.

(§ 161).

§ 175. Ein Zwangsvergleich ist unzulässig:

1. solange der Gemeinschuldner flüchtig ist oder die Ableistung des Offenbarungseides[1]) verweigert;
2. solange gegen den Gemeinschuldner wegen betrüglichen Bankerutts[2]) eine gerichtliche Untersuchung[3]) oder ein wiederaufgenommenes Verfahren[4]) anhängig ist;
3. wenn der Gemeinschuldner wegen betrüglichen Bankerutts[2]) rechtskräftig verurteilt[5]) worden ist.

(§ 162). Nr. 2 Nov. 98. [1]) § 125. [2]) § 239. [3]) StPO. §§ 176 ff., 201. [4]) StPO. §§ 402, 410. [5]) StPO. § 259.

§ 176. Auf Antrag des Verwalters und, wenn ein Gläubigerausschuß bestellt[1]) ist, des letzteren kann das Gericht[2]) den Vergleichsvorschlag zurückweisen, wenn bereits in dem Konkursverfahren ein Vergleichsvorschlag von den Gläubigern abgelehnt[3]) oder von dem Gerichte verworfen[4]) oder von dem Gemeinschuldner nach der öffentlichen Bekanntmachung des Vergleichstermins[5]) zurückgezogen worden ist.

(§ 163). [1]) § 87. [2]) § 71. [3]) § 182. [4]) §§ 186 bis 188. [5]) § 179.

§ 177. Wird der Vergleichsvorschlag nicht zurückgewiesen, so hat der Gläubigerausschuß[1]) sich über die Annehmbarkeit des Vorschlags zu erklären.

Erklärt der Gläubigerausschuß den Vorschlag nicht für annehmbar, so ist ein Widerspruch des Gemeinschuldners gegen die Verwertung der Masse nicht zu berücksichtigen.

(§ 164). [1]) §§ 87 ff.

§ 178. Der Vorschlag[1]) und die Erklärung des Gläubigerausschusses[2]) sind auf der Gerichtsschreiberei zur Einsicht der Beteiligten niederzulegen.

(§ 165). [1]) § 174. [2]) § 177.

§ 179. Der Vergleichstermin soll nicht über einen Monat hinaus anberaumt werden. Der Termin ist öffentlich bekannt zu machen.[1]) Zu demselben sind der Gemeinschuldner, der Verwalter, sowie unter Mitteilung des Vergleichsvorschlags und des Ergebnisses der Erklärung des Gläubigerausschusses die nicht bevorrechtigten Konkursgläubiger,[2]) welche Forderungen angemeldet[3]) haben, besonders zu laden.[4])

In der Bekanntmachung ist zu bemerken, daß der Vergleichsvorschlag und die Erklärung des Gläubigerausschusses auf der Gerichtsschreiberei des Konkursgerichts zur Einsicht der Beteiligten niedergelegt seien.

(§ 166). Abs. 1 S. 3. [1]) § 76. [2]) §§ 61 Nr. 6, 64. [3]) § 139. Abs. 2 Nov. 98. [4]) Vgl. KonsGG. § 47, SchutzgebG. § 3.

§ 180. Auf Antrag des Gemeinschuldners und, wenn ein Gläubigerausschuß[1]) bestellt ist, des letzteren kann das Gericht[2]) den Vergleichstermin[3]) mit dem allgemeinen Prüfungstermine[4]) verbinden.

(§ 167). [1]) § 87 [2]) § 71. [3]) § 179. [4]) § 141.

§ 181. Der Vergleich muß allen nicht bevorrechtigten Konkursgläubigern[1]) gleiche Rechte gewähren. Eine ungleiche Bestimmung der Rechte ist nur mit ausdrücklicher Einwilligung der zurückgesetzten Gläubiger zulässig. Jedes andere Abkommen des Gemeinschuldners oder anderer Personen mit einzelnen Gläubigern, durch welches diese bevorzugt werden sollen, ist nichtig.

(§ 168). [1]) §§ 61 Nr. 6, 64.

§ 182. Zur Annahme des Vergleichs ist erforderlich, daß

1. die Mehrzahl der in dem Termine anwesenden stimmberechtigten[1]) Gläubiger dem Vergleiche ausdrücklich zustimmt, und
2. die Gesamtsumme der Forderungen der zustimmenden Gläubiger wenigstens drei Vierteile der Gesamtsumme aller zum Stimmen berechtigenden Forderungen beträgt.

Wird nur eine der Mehrheiten erreicht, so kann der Gemeinschuldner bis zum Schlusse des Termins die einmalige Wiederholung der Abstimmung in einem neuen

Termine verlangen. Das Gericht[2]) hat denselben zu bestimmen und im Termine zu verkünden.

(§ 169). [1]) §§ 95, 96. [2]) § 71.

§ 183. Bei der Berechnung der nach § 182 Abs. 1 Nr. 1, 2 erforderlichen Mehrheiten bleibt der Ehegatte des Gemeinschuldners außer Betracht, wenn er dem Vergleiche zugestimmt hat.

Das Gleiche gilt von demjenigen, welchem der Ehegatte des Gemeinschuldners während des Konkursverfahrens oder in dem letzten Jahre vor der Eröffnung des Verfahrens[1]) eine Forderung gegen den Gemeinschuldner abgetreten hat, soweit das Stimmrecht auf der abgetretenen Forderung beruht. Diese Vorschrift findet keine Anwendung, wenn der Ehegatte zu der Abtretung durch das Gesetz oder durch einen Vertrag verpflichtet war, welcher früher als ein Jahr vor der Eröffnung des Konkursverfahrens geschlossen wurde.

(§ 169a). Nov. 98. [1]) § 108.

§ 184. Der angenommene[1]) Zwangsvergleich bedarf der Bestätigung des Konkursgerichts.[2])

Das Gericht entscheidet, nachdem es die Gläubiger, den Verwalter und den Gläubigerausschuß[3]) in dem Vergleichstermine[4]) oder einem zu verkündenden Termine gehört hat.

(§ 170). [1]) § 182. [2]) § 71. [3]) § 87. [4]) § 179.

§ 185. Der Beschluß, durch welchen der Zwangsvergleich bestätigt[1]) oder verworfen wird, ist zu verkünden.

(§ 171). [1]) § 184.

§ 186. Der Vergleich ist zu verwerfen:

1. wenn die für das Verfahren und den Abschluß des Vergleichs gegebenen Vorschriften nicht beobachtet sind, und das Fehlende nicht ergänzt werden kann;
2. wenn ein Fall der Unzulässigkeit[1]) eines Zwangsvergleichs nachträglich eingetreten ist.

(§ 172). [1]) § 175.

§ 187. Der Vergleich ist zu verwerfen, wenn er den Gläubigern nicht mindestens den fünften Teil ihrer Forderungen gewährt und dieses Ergebnis auf ein un-

redliches Verhalten des Gemeinschuldners, insbesondere darauf zurückzuführen ist, daß der Gemeinschuldner durch ein solches Verhalten die Eröffnung des Konkursverfahrens verzögert hat. Der Vergleich kann verworfen werden, wenn das gleiche Ergebnis auf ein leichtsinniges Verhalten des Gemeinschuldners zurückzuführen ist.
(§ 172a). Nov. 98.

§ 188. Der Vergleich ist auf Antrag eines nicht bevorrechtigten Konkursgläubigers, welcher stimmberechtigt[1]) war oder seine Forderung glaubhaft macht,[2]) zu verwerfen:

1. wenn der Vergleich durch Begünstigung eines Gläubigers[3]) oder sonst in unlauterer Weise zustande gebracht ist;
2. wenn der Vergleich dem gemeinsamen Interesse der nicht bevorrechtigten Konkursgläubiger widerspricht.

Der Antrag ist nur zuzulassen, wenn die Tatsachen, auf welche derselbe gegründet wird, glaubhaft gemacht[2]) werden.[4])
(§ 173). [1]) §§ 173, 95, 96. [2]) ZPO. § 264. [3]) Vgl. § 181. [4]) Vgl. auch § 230 Abs. 2.

§ 189. Die sofortige Beschwerde[1]) gegen den Beschluß, durch welchen der Vergleich bestätigt oder verworfen ist, steht dem Gemeinschuldner und jedem nicht bevorrechtigten Konkursgläubiger zu, welcher stimmberechtigt war oder seine Forderung glaubhaft macht.[2])

Die Frist zur Einlegung der Beschwerde beginnt mit der Verkündung[3]) des Beschlusses.

Eine Anfechtung der Entscheidung des Beschwerdegerichts findet nicht statt.
(§ 174). [1]) § 73 Abs. 3. [2]) Vgl. § 230 Abs. 2 [3]) § 185.

§ 190. Sobald der Vergleich rechtskräftig bestätigt[1]) ist, beschließt das Gericht[2]) die Aufhebung[3]) des Konkursverfahrens. Eine Anfechtung des Beschlusses findet nicht statt.

Der Beschluß und der Grund der Aufhebung sind öffentlich bekannt[4]) zu machen.

Die Vorschriften der §§ 111 Abs. 2, 112, 113 finden entsprechende Anwendung.

(§ 175). [1]) §§ 184, 189. [2]) § 71. [3]) Vgl. § 163. [4]) § 76.

§ 191. Der Verwalter hat aus der Konkursmasse die Masseansprüche[1]) zu berichtigen. Die bestrittenen Masseansprüche sind sicherzustellen.

Die bevorrechtigten[2]) Konkursforderungen sind, insoweit sie festgestellt[3]) sind, zu berichtigen, insoweit sie glaubhaft gemacht sind, sicherzustellen.

(§ 176). [1]) §§ 57 ff. [2]) § 61 Nr. 1—5 u. Erweiterungen. [3]) § 144.

§ 192. Soweit der Zwangsvergleich nicht ein anderes bestimmt, erhält der Gemeinschuldner das Recht zurück, über die Konkursmasse frei zu verfügen.[1])

(§ 177). [1]) Vgl. auch HGB. §§ 144, 161 Abs. 2, 307, 320 Abs. 3, GmbHG. § 60 Abs. 1 Nr. 4, BAG. § 49.

§ 193. Der rechtskräftig bestätigte[1]) Zwangsvergleich ist wirksam für und gegen alle nicht bevorrechtigten Konkursgläubiger,[2]) auch wenn dieselben an dem Konkursverfahren oder an der Beschlußfassung über den Vergleich nicht teilgenommen oder gegen den Vergleich gestimmt[3]) haben. Die Rechte der Gläubiger gegen Mitschuldner und Bürgen[4]) des Gemeinschuldners, sowie die Rechte aus einem für die Forderung bestehenden Pfandrecht,[5]) aus einer für sie bestehenden Hypothek,[6]) Grundschuld[7]) oder Rentenschuld[7]) oder aus einer zu ihrer Sicherung eingetragenen Vormerkung[8]) werden durch den Zwangsvergleich nicht berührt.

(§ 178). S. 2 Nov. 98. [1]) §§ 184, 189. [2]) §§ 61 Nr. 6, 64. [3]) § 182. [4]) BGB. §§ 765 ff. [5]) BGB. §§ 1204 ff. [6]) BGB. §§ 1113 ff. [7]) BGB. §§ 1191 ff. [8]) BGB. §§ 883 ff.

§ 194. Aus dem rechtskräftig bestätigten[1]) Zwangsvergleiche findet für die Konkursgläubiger, deren Forderungen festgestellt[2]) und nicht von dem Gemeinschuldner in dem Prüfungstermine ausdrücklich bestritten[3]) worden sind, gegen den Gemeinschuldner und diejenigen, welche in dem Vergleiche für dessen Erfüllung neben dem Gemeinschuldner ohne Vorbehalt der Einrede der

Vorausklage[4]) Verpflichtungen übernommen haben, die Zwangsvollstreckung unter entsprechender Anwendung der §§ 724—793 der Zivilprozeßordnung und des § 164 Abs. 3 dieses Gesetzes statt.

(§ 179). [1]) §§ 184, 189. [2]) § 144 Abs. 1. [3]) § 144 Abs. 2. [4]) BGB. §§ 771 ff.

§ 195. Eine Klage auf Aufhebung des Zwangsvergleichs aus dem Grunde der Nichterfüllung desselben findet nicht statt.

(§ 181).

§ 196. Wenn der Zwangsvergleich durch Betrug[1]) zustande gebracht ist, so kann jeder Gläubiger den vergleichsmäßigen Erlaß seiner Forderung anfechten, unbeschadet der ihm durch den Vergleich gewährten Rechte.

Die Anfechtung ist nur zulässig, wenn der Gläubiger ohne Verschulden außerstande war, den Anfechtungsgrund in dem Bestätigungsverfahren[2]) geltend zu machen.

(§ 182). [1]) StGB. § 263, BGB. § 123. [2]) § 184, 189.

§ 197. Die rechtskräftige Verurteilung des Gemeinschuldners wegen betrüglichen Bankerutts[1]) hebt für alle Gläubiger den durch den Zwangsvergleich begründeten Erlaß auf, unbeschadet der ihnen durch den Vergleich gewährten Rechte.

Auf Antrag eines Gläubigers kann das Konkursgericht[2]) Sicherheitsmaßregeln gegen den Gemeinschuldner schon vor der rechtskräftigen Verurteilung desselben anordnen.

(§ 183). [1]) § 239. [2]) § 71.

§ 198. Im Falle der rechtskräftigen Verurteilung wird, wenn genügende Masse[1]) vorhanden ist oder ein zur Deckung der im § 58 Nr. 1, 2 bezeichneten Massekosten ausreichender Geldbetrag vorgeschossen[1]) wird, das Konkursverfahren auf Antrag eines Konkursgläubigers wieder aufgenommen.

Die Wiederaufnahme erfolgt durch Beschluß des Gerichts. Auf den Zeitpunkt der Wiederaufnahme und die Bekanntmachung derselben finden die Vorschriften der §§ 108, 111—113 entsprechende Anwendung.

(§ 184). Abs. 1 Nov. 98. [1]) § 107.

§ 199. Für die Anfechtung[1]) von Rechtshandlungen, welche in der Zeit von der Aufhebung[2]) bis zur Wiederaufnahme des Konkursverfahrens vorgenommen sind, sowie für die in diesem Zeitraume entstandenen Aufrechnungsbefugnisse[3]) gilt, wenn nicht inzwischen eine Zahlungseinstellung[4]) erfolgt ist, als Tag der Zahlungseinstellung der Tag des ersten die Verurteilung des Gemeinschuldners aussprechenden Urteils.

(§ 185). [1]) §§ 29 ff. [2]) § 190. [3]) §§ 55, 56. [4]) § 102 Abs. 2.

§ 200. An dem aufgenommenen Verfahren nehmen die Gläubiger, für und gegen welche der Vergleich wirksam[1]) war, mit dem noch nicht getilgten Betrage ihrer ursprünglichen Forderungen teil.

Die neuen Gläubiger des Gemeinschuldners sind zur Teilnahme an dem Verfahren berechtigt. Dieselben haben keinen Anspruch auf Befriedigung aus einer für die Erfüllung des Zwangsvergleichs bestellten Sicherheit.

(§ 186). [1]) § 193.

§ 201. Das Verfahren ist soweit als nötig zu wiederholen.

Früher geprüfte[1]) Forderungen werden nur hinsichtlich einer inzwischen eingetretenen Tilgung von neuem geprüft.

(§ 187). [1]) § 141.

Siebenter Titel.

Einstellung des Verfahrens.

§ 202. Das Konkursverfahren ist auf Antrag des Gemeinschuldners einzustellen, wenn er nach dem Ablaufe der Anmeldefrist[1]) die Zustimmung aller Konkursgläubiger,[2]) welche Forderungen angemeldet[3]) haben, beibringt. Inwieweit es der Zustimmung oder der Sicherstellung von Gläubigern bedarf, deren Forderungen angemeldet aber nicht festgestellt[4]) sind, entscheidet das Konkursgericht[5]) nach freiem Ermessen.

Das Verfahren kann auf Antrag des Gemeinschuldners vor dem Ablaufe der Anmeldefrist eingestellt werden, wenn außer den Gläubigern, deren Zustimmung der Gemeinschuldner beibringt, andere Gläubiger nicht bekannt sind.

(§ 188). [1]) § 138. [2]) §§ 3, 61 ff. [3]) §§ 138, 139. [4]) § 144. [5]) § 71.

§ 203. Der Antrag ist öffentlich bekannt[1]) zu machen und mit den zustimmenden Erklärungen auf der Gerichtsschreiberei zur Einsicht der Konkursgläubiger niederzulegen. Die Konkursgläubiger können binnen einer mit der öffentlichen Bekanntmachung beginnenden Frist von einer Woche Widerspruch gegen den Antrag erheben. Im Falle des § 202 Abs. 1 steht der Widerspruch jedem Gläubiger zu, welcher bis zum Ablaufe der Frist eine Forderung angemeldet[2]) hat.

Das Gericht[3]) beschließt über die Einstellung nach Anhörung des Gemeinschuldners und des Verwalters. Im Falle eines Widerspruchs ist auch der widersprechende Gläubiger zu hören.

(§ 189). [1]) § 76. [2]) §§ 138, 139. [3]) § 71.

§ 204. Das Gericht kann das Konkursverfahren einstellen, sobald sich ergibt, daß eine den Kosten des Verfahrens entsprechende Konkursmasse[1]) nicht vorhanden ist. Die Einstellung unterbleibt, wenn ein zur Deckung der im § 58 Nr. 1, 2 bezeichneten Massekosten ausreichender Geldbetrag vorgeschossen wird.

Vor der Einstellung soll die Gläubigerversammlung[2]) gehört werden.

(§ 190). Abs. 1 S. 2, Abs. 2 Nov. 98. [1]) Vgl. § 107. [2]) §§ 94 ff.

§ 205. Der Einstellungsbeschluß[1]) und der Grund der Einstellung sind öffentlich bekannt zu machen.

Die Vorschriften der §§ 111 Abs. 2, 112, 113, 191 finden entsprechende Anwendung.

(§ 191). Abs. 2 Nov. 98. [1]) §§ 203 Abs. 2, 204.

§ 206. Der Gemeinschuldner erhält das Recht zurück,[1]) über die Konkursmasse[2]) frei zu verfügen.

Die Vorschriften des § 164 finden entsprechende Anwendung.

(§ 192). [1]) § 6 Abs. 1. [2]) §§ 1, 2.

Achter Titel.

Besondere Bestimmungen.

§ 207. I. Über das Vermögen einer Aktiengesellschaft[1]) findet das Konkursverfahren außer dem Falle der Zahlungsunfähigkeit[2]) in dem Falle der Überschuldung statt.

Nach Auflösung[3]) einer Aktiengesellschaft ist die Eröffnung des Verfahrens so lange zulässig, als die Verteilung des Vermögens[4]) nicht vollzogen ist.

(§ 193). [1]) HGB. §§ 178 ff. [2]) § 102. [3]) HGB. §§ 292 ff. [4]) HGB. §§ 300, 301.

§ 208. Zu dem Antrage[1]) auf Eröffnung des Verfahrens ist außer den Konkursgläubigern jedes Mitglied des Vorstandes[2]) und jeder Liquidator[3]) berechtigt.[4])

Wird der Antrag nicht von allen Mitgliedern des Vorstandes oder allen Liquidatoren gestellt, so ist derselbe zuzulassen, wenn die Zahlungsunfähigkeit oder Überschuldung glaubhaft gemacht[5]) wird. Das Gericht[6]) hat die übrigen Mitglieder oder Liquidatoren nach Maßgabe des § 105 Abs. 2, 3 zu hören.

(§ 194).*) [1]) §§ 103 ff. [2]) HGB. §§ 231—242. [3]) HGB. §§ 295 ff. [4]) Vgl. HGB. §§ 240, 242, 298, 315 (Antragspflicht); sowie ABG. §§ 68, 109. [5]) ZPO. § 294. [6]) § 71.

§ 209. Im Falle der Zahlungsunfähigkeit einer offenen Handelsgesellschaft,[1]) einer Kommanditgesellschaft[2]) oder einer Kommanditgesellschaft auf Aktien[3]) findet über das Gesellschaftsvermögen ein selbständiges Konkursverfahren statt. Über das Vermögen einer Kommanditgesellschaft auf Aktien findet das Konkursverfahren auch im Falle der Überschuldung[4]) statt.

Die Vorschrift des § 207 Abs. 2 findet entsprechende Anwendung.

(§ 198). Abs. 1 S. 2 Nov. 98. [1]) HGB. §§ 105 ff., 131. [2]) HGB. §§ 161 ff., 171. [3]) HGB. §§ 320 ff., 330. [4]) Vgl. § 207.

§ 210. Zu dem Antrage[1]) auf Eröffnung des Verfahrens ist außer den Konkursgläubigern[2]) jeder persön-

*) Die §§ 195—197 früherer Fassung sind durch das Ges. vom 1. Mai 1889, betr. die Erwerbs- und Wirtschaftsgenossenschaften, §§ 155 Abs. 1, 172 aufgehoben worden.

lich haftende Gesellschafter[3]) und jeder Liquidator[4]) berechtigt.[5])

Wird der Antrag nicht von allen persönlich haftenden Gesellschaftern oder allen Liquidatoren gestellt, so ist derselbe zuzulassen, wenn bei der offenen Handelsgesellschaft oder der Kommanditgesellschaft die Zahlungsunfähigkeit, bei der Kommanditgesellschaft auf Aktien die Zahlungsunfähigkeit oder die Überschuldung glaubhaft[6]) gemacht wird. Das Gericht hat die übrigen persönlich haftenden Gesellschafter oder die Liquidatoren nach Maßgabe des § 105 Abs. 2, 3 zu hören.

(§ 199). Abs. 2 S. 1 Nov. 98. [1]) §§ 103 ff. [2]) §§ 3, 61 ff. [3]) HGB. §§ 128, 161, 320. [4]) HGB. §§ 146 ff., 161 Abs. 2, 331. [5]) Vgl. HGB. §§ 320 Abs. 3, 325 Nr. 8 (Antragspflicht). [6]) ZPO. § 294.

§ 211. Ein Zwangsvergleich[1]) kann nur auf Vorschlag aller persönlich haftenden Gesellschafter[2]) geschlossen werden.

Der Zwangsvergleich begrenzt, soweit er nicht ein anderes festsetzt, zugleich den Umfang der persönlichen Haftung der Gesellschafter.

(§ 200). Abs. 2 Nov. 98. [1]) §§ 173 ff. [2]) Bem. 3 zu § 210.

§ 212. In dem Konkursverfahren über das Privatvermögen eines persönlich haftenden Gesellschafters[1]) können die Gesellschaftsgläubiger, wenn das Konkursverfahren über das Gesellschaftsvermögen[2]) eröffnet ist, Befriedigung nur wegen desjenigen Betrags suchen, für welchen sie in dem letzteren Verfahren keine Befriedigung erhalten.

Bei den Verteilungen sind die Anteile auf den vollen Betrag der Gesellschaftsforderungen zurückzubehalten, bis der Ausfall bei dem Gesellschaftsvermögen feststeht.

Im übrigen finden auf die bezeichneten Forderungen die Vorschriften der §§ 64, 96 entsprechende Anwendung.

(§ 201). Nov. 98. [1]) Vgl. HGB. §§ 131, 136, 138, 141, 142, 145, 146, 161, 320 Abs. 2, 330. [2]) § 209.

§ 213. Auf das Konkursverfahren über das Vermögen einer juristischen Person,[1]) sowie eines Vereins, der als solcher verklagt[2]) werden kann, finden die Vorschriften der §§ 207, 208 entsprechende Anwendung.[3])

(§ 201a). Nov. 98. [1]) BGB. §§ 21 ff., 80, 89, EG. zum Ges., betr. Änderungen der KO. Art. IV. [2]) ZPO. § 50 Abs. 2. [3]) Vgl. BGB. §§ 42, 48, 86, 89 (Antragspflicht); ferner BAG. §§ 68, 109.

§ 214. II. Für das Konkursverfahren über einen Nachlaß ist das Amtsgericht ausschließlich zuständig, bei welchem der Erblasser zur Zeit seines Todes den allgemeinen Gerichtsstand[1]) gehabt hat.

(§ 202). [1]) ZPO. §§ 13 ff.

§ 215. Die Eröffnung[1]) des Verfahrens setzt die Überschuldung des Nachlasses voraus.

(§ 203). [1]) § 102.

§ 216. Die Eröffnung des Verfahrens wird nicht dadurch gehindert, daß der Erbe die Erbschaft noch nicht angenommen[1]) hat, oder daß er für die Nachlaßverbindlichkeiten unbeschränkt haftet.[2])

Bei dem Vorhandensein mehrerer Erben[3]) ist die Eröffnung des Verfahrens auch nach der Teilung[4]) des Nachlasses zulässig.

(§ 204). Nov. 98. [1]) BGB. § 1943. [2]) BGB. §§ 1967, 1994 Abs. 1, 2005 Abs. 1, 2006. [3]) BGB. §§ 2032 ff. [4]) BGB. §§ 2042 ff.

§ 217. Zu dem Antrag[1]) auf Eröffnung des Verfahrens ist jeder Erbe, der Nachlaßverwalter,[2]) sowie ein anderer Nachlaßpfleger,[3]) ein Testamentsvollstrecker,[4]) dem die Verwaltung des Nachlasses zusteht, und jeder Nachlaßgläubiger[5]) berechtigt.[6])

Wird der Antrag nicht von allen Erben gestellt, so ist er zuzulassen, wenn die Überschuldung glaubhaft gemacht wird. Das Gericht hat die übrigen Erben, soweit tunlich, zu hören.

Steht die Verwaltung des Nachlasses einem Testamentsvollstrecker[4]) zu, so ist, wenn der Erbe die Eröffnung des Verfahrens beantragt, der Testamentsvollstrecker, wenn der Testamentsvollstrecker den Antrag stellt, der Erbe zu hören.

(§ 205). Nov. 98. [1]) §§ 103 ff. [2]) BGB. § 1985. [3]) BGB. §§ 1960 ff. [4]) BGB. §§ 2197 ff., 2205. [5]) BGB. § 1967; vgl. KO. §§ 219, 220. [6]) Vgl. BGB. §§ 1980, 1985 (Antragspflicht).

§ 218. Ist eine Ehefrau die Erbin und gehört der Nachlaß zum eingebrachten Gute[1]) oder zum Gesamtgute,[2]) so kann sowohl die Ehefrau als der Ehemann die Eröffnung des Verfahrens beantragen,[3]) ohne daß die Zustimmung des anderen Teiles erforderlich ist. Das Gleiche gilt, wenn der Nachlaß zum Gesamtgute gehört, auch nach Beendigung der Gemeinschaft.

Wird der Antrag nicht von beiden Ehegatten gestellt, so ist er zuzulassen, wenn die Überschuldung glaubhaft gemacht wird. Das Gericht[4]) hat den anderen Ehegatten, wenn tunlich, zu hören.

(§ 205a). Nov. 98. [1]) BGB. §§ 1363, 1369; 1521, 1526; 1551, 1553 Nr. 2. [2]) BGB. §§ 1438, 1440; 1549, 1551, 1553 Nr. 2. [3]) §§ 103 ff. [4]) § 214.

§ 219. Ein Nachlaßgläubiger, der im Aufgebotsverfahren ausgeschlossen ist[1]) oder nach § 1974 des Bürgerlichen Gesetzbuchs einem ausgeschlossenen Gläubiger gleichsteht, kann die Eröffnung des Verfahrens nur beantragen, wenn über das Vermögen des Erben das Konkursverfahren eröffnet ist. Das Gleiche gilt von einem Vermächtnisnehmer,[2]) sowie von demjenigen, welcher berechtigt ist, die Vollziehung einer Auflage zu fordern.[3])

Ist eine Ehefrau die Erbin und gehört der Nachlaß zum Gesamtgute, so können die im Abs. 1 bezeichneten Gläubiger den Antrag nur stellen, wenn über das Vermögen des Ehemanns das Konkursverfahren eröffnet ist.

(§ 205b). Nov. 98. [1]) BGB. §§ 1970 ff. [2]) BGB. §§ 1939, 2147 ff. [3]) BGB. § 2194.

§ 220. Die Eröffnung des Verfahrens kann von einem Nachlaßgläubiger[1]) nicht mehr beantragt werden, wenn seit der Annahme[2]) der Erbschaft zwei Jahre verstrichen sind.

(§ 205c). Nov. 98. [1]) §§ 217, 219. [2]) BGB. § 1943.

§ 221. Auf Grund einer nach dem Eintritte des Erbfalls[1]) gegen den Nachlaß erfolgten Maßregel der Zwangsvollstreckung oder der Arrestvollziehung[2]) kann abgesonderte Befriedigung[3]) nicht verlangt werden.

Eine nach dem Eintritte des Erbfalls im Wege der

einstweiligen Verfügung[4]) erlangte Vormerkung[5]) ist unwirksam.

(§ 205d). Nov. 98. [1]) BGB. § 1922. [2]) Vgl. § 14. [3]) §§ 4, 47 ff. [4]) ZPO. §§ 935. [5]) BGB. § 883.

§ 222. Hat der Erbe vor der Eröffnung des Verfahrens[1]) aus dem Nachlasse Pflichtteilsansprüche,[2]) Vermächtnisse[3]) oder Auflagen[4]) erfüllt, so ist die Leistung in gleicher Weise anfechtbar wie eine unentgeltliche[5]) Verfügung des Erben.

(§ 205e). Nov. 98. [1]) § 108. [2]) BGB. § 2317. [3]) BGB. §§ 1939, 2147 ff. [4]) BGB. §§ 1940, 2192 ff. [5]) §§ 31 Nr. 1, 32; vgl. AnfG. § 3a.

§ 223. Dem Erben steht wegen der ihm nach den §§ 1978, 1979 des Bürgerlichen Gesetzbuchs aus dem Nachlasse zu ersetzenden Aufwendungen ein Zurückbehaltungsrecht nicht zu.

(§ 205f). Nov. 98.

§ 224. Masseschulden sind außer den im § 59 bezeichneten Verbindlichkeiten:

1. die dem Erben nach den §§ 1978, 1979 des Bürgerlichen Gesetzbuchs aus dem Nachlasse zu ersetzenden Aufwendungen;
2. die Kosten der standesmäßigen Beerdigung[1]) des Erblassers;
3. die im Falle der Todeserklärung[2]) des Erblassers dem Nachlasse zur Last fallenden Kosten des Verfahrens;
4. die Kosten der Eröffnung einer Verfügung des Erblassers von Todes wegen,[3]) der gerichtlichen Sicherung[4]) des Nachlasses, einer Nachlaßpflegschaft,[4]) des Aufgebots der Nachlaßgläubiger[5]) und der Inventarerrichtung;[6])
5. die Verbindlichkeiten aus den von einem Nachlaßpfleger[4]) oder einem Testamentsvollstrecker[7]) vorgenommenen Rechtsgeschäften;
6. die Verbindlichkeiten, welche für den Erben gegenüber einem Nachlaßpfleger, einem Testamentsvollstrecker oder einem Erben, der die Erbschaft ausgeschlagen[8]) hat, aus der Geschäftsführung dieser Ver-

sonen entstanden sind, soweit die Nachlaßgläubiger verpflichtet sein würden, wenn die bezeichneten Personen die Geschäfte für sie zu besorgen gehabt hätten.

(§ 205g). Nov. 98. 1) BGB. § 1968. 2) ZPO. §§ 960 ff., 971. 3) BGB. §§ 2260 ff., 2273, 2300. 4) BGB. §§ 1960, 1961, 1962, 1975, 1981 ff., FGG. §§ 72—74, EG.BGB. Art. 140. 5) BGB. §§ 1970 ff., ZPO. §§ 989 ff. 6) BGB. §§ 1993 ff. 7) BGB. §§ 2197 ff. 8) BGB. § 1945.

§ 225. Der Erbe kann die ihm gegen den Erblasser zustehenden Ansprüche[1]) geltend machen.

Hat der Erbe eine Nachlaßverbindlichkeit[2]) berichtigt, so tritt er, soweit nicht die Berichtigung nach § 1979 des Bürgerlichen Gesetzbuchs als für Rechnung des Nachlasses erfolgt gilt, an die Stelle des Gläubigers, es sei denn, daß er für die Nachlaßverbindlichkeiten unbeschränkt haftet.[3])

Haftet der Erbe einem einzelnen Gläubiger[4]) gegenüber unbeschränkt, so kann er dessen Forderung für den Fall geltend machen, daß der Gläubiger sie nicht geltend macht.

(§ 205h). Nov. 98. 1) Vgl. BGB. § 1976. 2) BGB. § 1967. 3) BGB. §§ 1967, 1994 Abs. 1, 2005, 2006. 4) BGB. § 2006 Abs. 3.

§ 226. In dem Verfahren kann jede Nachlaßverbindlichkeit[1]) geltend gemacht werden.

Nachstehende Verbindlichkeiten werden erst nach allen übrigen Verbindlichkeiten und in folgender Rangordnung, bei gleichem Range nach Verhältnis ihrer Beträge, berichtigt:

1. die seit der Eröffnung des Verfahrens[2]) laufenden Zinsen[3]) der im § 61 bezeichneten Forderungen;
2. die gegen den Erblasser erkannten Geldstrafen;[3])
3. die Verbindlichkeiten aus einer Freigebigkeit[3]) des Erblassers unter Lebenden;
4. die Verbindlichkeiten gegenüber Pflichtteilsberechtigten;[4])
5. die Verbindlichkeiten aus den vom Erblasser angeordneten Vermächtnissen und Auflagen.[5])

Ein Vermächtnis, durch welches das Recht des Bedachten auf den Pflichtteil nach § 2307 des Bürgerlichen Gesetzbuchs ausgeschlossen wird, steht, soweit es den Pflichtteil nicht übersteigt, im Range den Pflichtteilsrechten gleich. Hat der Erblasser durch Verfügung von Todes wegen angeordnet, daß ein Vermächtnis oder eine Auflage vor einem anderen Vermächtnis oder einer anderen Auflage erfüllt werden soll, so hat das Vermächtnis oder die Auflage den Vorrang.

Die Verbindlichkeiten, in Ansehung deren der Gläubiger im Wege des Aufgebotsverfahrens ausgeschlossen[6]) ist oder nach § 1974 des Bürgerlichen Gesetzbuchs einem ausgeschlossenen Gläubiger gleichsteht, werden erst nach den im Abs. 2 Nr. 1—3 bezeichneten Verbindlichkeiten und, soweit sie zu den im Abs. 2 Nr. 4, 5 bezeichneten Verbindlichkeiten gehören, erst nach den Verbindlichkeiten berichtigt, mit denen sie ohne die Beschränkung[7]) gleichen Rang haben würden. Im übrigen wird durch die Beschränkungen an der Rangordnung nichts geändert.

(§ 205i). Nov. 98. [1]) BGB. § 1967. [2]) § 108. [3]) Vgl. § 63. [4]) BGB. §§ 2303 ff. [5]) BGB. §§ 1939, 1940. [6]) BGB. §§ 1970 ff. [7]) BGB. § 1973.

§ 227. Mit den im § 226 Abs. 2 Nr. 2—5, Abs. 4 bezeichneten Forderungen werden die bis zur Eröffnung des Verfahrens[1]) aufgelaufenen[2]) und die seit der Eröffnung laufenden Zinsen an derselben Stelle angesetzt.

(§ 205k). Nov. 98. [1]) § 108. [2]) Vgl. § 62.

§ 228. Was infolge der Anfechtung einer von dem Erblasser oder ihm gegenüber vorgenommenen Rechtshandlung zur Konkursmasse zurückgewährt[1]) wird, darf nicht zur Berichtigung der im § 226 Abs. 2 Nr. 4, 5 bezeichneten Verbindlichkeiten verwendet werden.

Auf dasjenige, was der Erbe auf Grund der Vorschriften der §§ 1978—1980 des Bürgerlichen Gesetzbuchs zu der Masse zu ersetzen hat, haben die Gläubiger, die im Wege des Aufgebotsverfahrens ausgeschlossen sind[2]) oder nach § 1974 des Bürgerlichen Gesetzbuchs einem ausgeschlossenen Gläubiger gleichstehen, nur insoweit Anspruch, als der Erbe auch nach den Vorschriften über die Herausgabe einer ungerechtfertigten Bereicherung[3]) ersatzpflichtig sein würde.

(§ 205l). Nov. 98. [1]) § 37. [2]) Bem. 6 zu § 226. [3]) BGB. §§ 818 ff.

§ 229. Die in dem Aufgebotsverfahren zum Zwecke der Ausschließung von Nachlaßgläubigern angemeldeten[1]) und nicht ausgeschlossenen Forderungen gelten als auch im Nachlaßkonkurs angemeldet,[2]) sofern das Aufgebot von dem Gerichte, bei welchem der Konkurs anhängig wird,[3]) erlassen[4]) und das Verfahren nicht vor der Eröffnung des Konkursverfahrens ohne Erlassung des Ausschlußurteils[5]) erledigt ist.

(§ 205m). Nov. 98. [1]) ZPO. § 996. [2]) §§ 138, 139. [3]) § 214. [4]) ZPO. § 990, FGG. §§ 72, 73. [5]) ZPO. § 952.

§ 230. Ein Zwangsvergleich[1]) kann nur auf den Vorschlag aller Erben geschlossen werden.

Die Gläubiger, welchen die im § 226 Abs. 2 Nr. 2—5, Abs. 4 bezeichneten Forderungen zustehen, nehmen an dem Zwangsvergleiche nicht teil, sie sind jedoch vor der Bestätigung[2]) zu hören. Macht einer von ihnen glaubhaft, daß der Zwangsvergleich sein berechtigtes Interesse verletzt, so ist auf seinen Antrag der Zwangsvergleich zu verwerfen;[3]) gegen die Bestätigung steht ihm die sofortige Beschwerde nach § 189 zu.

(§ 206). Nov. 98. [1]) §§ 173 ff. [2]) § 184. [3]) Vgl. § 188.

§ 231. Die Vorschriften des § 223, des § 224 Nr. 1 und des § 225 Abs. 2, 3 gelten für den Vorerben[1]) auch nach dem Eintritte der Nacherbfolge.[2])

(§ 206a). Nov. 98. [1]) BGB. §§ 2100 ff. [2]) BGB. § 2139.

§ 232. Hat der Erbe die Erbschaft verkauft,[1]) so tritt der Käufer in Ansehung des Verfahrens an seine Stelle.

Der Erbe ist wegen einer Nachlaßverbindlichkeit, die im Verhältnisse zwischen ihm und dem Käufer diesem zur Last fällt,[2]) in derselben Weise wie ein Nachlaßgläubiger[3]) zu dem Antrag auf Eröffnung des Verfahrens berechtigt. Das gleiche Recht steht ihm auch wegen einer anderen Nachlaßverbindlichkeit zu, es sei denn, daß er unbeschränkt haftet[4]) oder daß eine Nachlaßverwaltung[5]) angeordnet ist. Die Vorschriften des § 223, des § 224 Nr. 1 und des § 225 gelten für den Erben auch nach dem Verkaufe der Erbschaft.

(§ 206b). Nov. 98. [1]) BGB. §§ 2371 ff. [2]) BGB. §§ 2378, 2376, 439. [3]) §§ 217, 219, 220. [4]) BGB. §§ 1967, 1994 Abs. 1, 2005, 2006. [5]) BGB. § 1975.

§ 233. Die Vorschriften des § 232 finden entsprechende Anwendung, wenn jemand eine durch Vertrag erworbene Erbschaft verkauft oder sich zur Veräußerung einer ihm angefallenen oder anderweit von ihm erworbenen Erbschaft in sonstiger Weise verpflichtet[1]) hat.

(§ 206c). Nov. 98. [1]) BGB. § 2385.

§ 234. In dem Konkursverfahren über das Vermögen des Erben finden, wenn auch über den Nachlaß[1]) das Konkursverfahren eröffnet, oder wenn eine Nachlaßverwaltung[2]) angeordnet ist, auf Nachlaßgläubiger, denen gegenüber der Erbe unbeschränkt[3]) haftet, die Vorschriften der §§ 64, 96, 153, 155, 156, des § 168 Nr. 3 und des § 169 entsprechende Anwendung.

Das Gleiche gilt, wenn eine Ehefrau die Erbin ist und der Nachlaß zum Gesamtgute gehört,[4]) auch in dem Konkursverfahren über das Vermögen des Ehemanns.

(§ 206d). Nov. 98. [1]) § 215. [2]) BGB. § 1975. [3]) Bem. 4 zu § 232. [4]) § 218 Abs. 1.

§ 235. Über einen Erbteil[1]) findet ein Konkursverfahren nicht statt.

(§ 206e). Nov. 98. [1]) BGB. § 1922 Abs. 2.

§ 236. Die Vorschriften der §§ 214—234 finden im Falle der fortgesetzten Gütergemeinschaft[1]) auf das Konkursverfahren über das Gesamtgut[2]) entsprechende Anwendung. Konkursgläubiger[3]) sind nur die Gesamtgutsgläubiger, deren Forderungen schon zur Zeit des Eintritts der fortgesetzten Gütergemeinschaft bestanden. Zu dem Antrag auf Eröffnung des Verfahrens[4]) ist ein Gläubiger nicht berechtigt, dem gegenüber der überlebende Ehegatte zu dieser Zeit persönlich haftete. Die anteilsberechtigten Abkömmlinge sind zu dem Antrage nicht berechtigt; das Gericht hat sie, soweit tunlich, zu hören.

(§ 206f). Nov. 98. [1]) BGB. §§ 1483 ff. [2]) BGB. § 1485 [3]) §§ 3, 61 ff. [4]) §§ 103 ff.

§ 237. III. Besitzt ein Schuldner, über dessen Vermögen im Auslande ein Konkursverfahren eröffnet worden ist, Vermögensgegenstände im Inlande, so ist die Zwangsvollstreckung in das inländische Vermögen zulässig.

Ausnahmen von dieser Bestimmung können unter Zustimmung des Bundesrats durch Anordnung des Reichskanzlers getroffen werden.

(§ 207).

§ 238. Das Konkursverfahren umfaßt nur das im Inlande befindliche Vermögen, wenn der Schuldner im Deutschen Reiche eine gewerbliche Niederlassung,[1]) aber keinen allgemeinen Gerichtsstand[2]) hat.

Hat ein Schuldner im Deutschen Reiche weder eine gewerbliche Niederlassung noch einen allgemeinen Gerichtsstand, so findet ein Konkursverfahren über das im Inlande befindliche Vermögen des Schuldners statt, wenn er im Inlande ein mit Wohn- und Wirtschaftsgebäuden versehenes Gut als Eigentümer, Nutznießer oder Pächter bewirtschaftet.[3]) Für das Verfahren ist das Amtsgericht ausschließlich zuständig, in dessen Bezirke das Gut sich befindet.

Ist im Auslande ein Konkursverfahren eröffnet, so bedarf es nicht des Nachweises der Zahlungsunfähigkeit[4]) zur Eröffnung des inländischen Verfahrens

(§ 208) Nov. 98. [1]) Vgl. ZPO § 21. [2]) ZPO. §§ 13—19 [3]) Vgl ZPO § 21 Abs 2. [4]) § 102

Drittes Buch.

Strafbestimmungen.*)

§ 239. Schuldner, welche ihre Zahlungen eingestellt[1]) haben, oder über deren Vermögen das Konkursverfahren

*) Vgl. StGB. § 137, HGB. §§ 315, 320 Abs. 3, 325, GmbHG. § 84, GenG § 148, BAG. § 109; DepotG. §§ 10—12, BauFG. §§ 5, 6.

eröffnet[2]) worden ist, werden wegen betrüglichen Bankerutts mit Zuchthaus bestraft, wenn sie in der Absicht, ihre Gläubiger zu benachteiligen,

1. Vermögensstücke verheimlicht oder beiseite geschafft haben,
2. Schulden oder Rechtsgeschäfte anerkannt oder aufgestellt haben, welche ganz oder teilweise erdichtet sind,
3. Handelsbücher[3]) zu führen unterlassen haben, deren Führung ihnen gesetzlich oblag, oder
4. ihre Handelsbücher vernichtet oder verheimlicht oder so geführt oder verändert haben, daß dieselben keine Übersicht des Vermögenszustandes gewähren.

Sind mildernde Umstände vorhanden, so tritt Gefängnisstrafe nicht unter drei Monaten ein.

(§ 209) [1]) § 102 Abs. 2. [2]) § 108. [3]) HGB §§ 38, 43—47.

§ 240. Schuldner, welche ihre Zahlungen eingestellt haben, oder über deren Vermögen das Konkursverfahren eröffnet worden ist, werden wegen einfachen Bankerutts mit Gefängnis bestraft, wenn sie

1. durch Aufwand, Spiel oder Wette oder durch Differenzhandel mit Waren oder Börsenpapieren übermäßige Summen verbraucht haben oder schuldig geworden sind;
2. in der Absicht, die Eröffnung des Konkursverfahrens hinauszuschieben, Waren oder Wertpapiere auf Kredit entnommen und diese Gegenstände erheblich unter dem Werte in einer den Anforderungen einer ordnungsmäßigen Wirtschaft widersprechenden Weise veräußert oder sonst weggegeben haben;
3. Handelsbücher zu führen unterlassen haben, deren Führung ihnen gesetzlich oblag, oder dieselben verheimlicht, vernichtet oder so unordentlich geführt haben, daß sie keine Übersicht ihres Vermögenszustandes gewähren, oder
4. es gegen die Bestimmung des Handelsgesetzbuchs unterlassen haben, die Bilanz[1]) ihres Vermögens in der vorgeschriebenen Zeit[2]) zu ziehen.

Neben der Gefängnisstrafe kann in den Fällen der Nr. 1, 2 auf Verlust der bürgerlichen Ehrenrechte erkannt werden.

Sind mildernde Umstände vorhanden, so kann auf Geldstrafe bis zu sechstausend Mark erkannt werden.

(§ 210). Abs. 1 mit Nr. 1, 2, Abs. 2 u. 3 Nov. 98. ¹) HGB. §§ 39—42. ²) HGB. § 39 Abs. 2 Satz 2.

§ 241. Schuldner, welche ihre Zahlungen eingestellt haben, oder über deren Vermögen das Konkursverfahren eröffnet worden ist, werden mit Gefängnis bis zu zwei Jahren bestraft, wenn sie, obwohl sie ihre Zahlungsunfähigkeit¹) kannten, einem Gläubiger in der Absicht, ihn vor den übrigen Gläubigern zu begünstigen, eine Sicherung oder Befriedigung gewährt haben, welche derselbe nicht oder nicht in der Art oder nicht zu der Zeit zu beanspruchen hatte.²)

Sind mildernde Umstände vorhanden, so kann auf Geldstrafe bis zu sechstausend Mark erkannt werden.

(§ 212). Abs. 2 Nov. 98. ¹) § 102. ²) Vgl. § 30 Nr. 2.

§ 242. Mit Zuchthaus bis zu zehn Jahren wird bestraft, wer

1. im Interesse eines Schuldners, welcher seine Zahlungen eingestellt hat, oder über dessen Vermögen das Konkursverfahren eröffnet worden ist, Vermögensstücke desselben verheimlicht oder beiseite geschafft hat, oder
2. im Interesse eines solchen Schuldners, oder, um sich oder einem anderen Vermögensvorteil zu verschaffen, in dem Verfahren erdichtete Forderungen im eigenen Namen oder durch vorgeschobene Personen geltend gemacht hat.

Sind mildernde Umstände vorhanden, so tritt Gefängnisstrafe oder Geldstrafe bis zu sechstausend Mark ein.

(§ 212).

§ 243. Ein Gläubiger, welcher sich von dem Gemeinschuldner oder anderen Personen besondere Vorteile dafür hat gewähren oder versprechen lassen, daß er bei den

Abstimmungen[1]) der Konkursgläubiger in einem gewissen Sinne stimme, wird mit Geldstrafe bis zu dreitausend Mark oder mit Gefängnis bis zu einem Jahre bestraft.

(§ 213). [1]) §§ 94—97, 182.

§ 244. Die Strafvorschriften der §§ 239—241 finden gegen die Mitglieder des Vorstandes einer Aktiengesellschaft[1]) oder eingetragenen Genossenschaft[2]) und gegen die Liquidatoren einer Handelsgesellschaft[3]) oder eingetragenen Genossenschaft,[4]) welche ihre Zahlungen eingestellt hat, oder über deren Vermögen das Konkursverfahren eröffnet worden ist, Anwendung, wenn sie in dieser Eigenschaft die mit Strafe bedrohten Handlungen begangen haben.[5])

(§ 214). [1]) HGB. §§ 178 ff., 231 ff. [2]) GenG. §§ 24 ff. [3]) HGB. §§ 146 ff., 161 Abs. 2, 294 ff., 331, GmbHG. §§ 66 ff. [4]) GenG. §§ 83 ff. [5]) Vgl. auch EG. KO. § 6, GmbHG. § 83, VAG. § 112.

II. Gesetz, betr. die Einführung der Konkursordnung

vom 10. Februar 1877

in der Fassung des EG. vom 17. Mai 1898 zu dem Gesetze, betr. Änderungen der Konkursordnung.

§ 1. Die Konkursordnung tritt im ganzen Umfange des Reichs gleichzeitig mit dem Gerichtsverfassungsgesetze[1]) in Kraft.

[1]) EG.GVG. § 1.

§ 2. Gesetz im Sinne der Konkursordnung und dieses Gesetzes ist jede Rechtsnorm.

§ 3. Die den Konkurs betreffenden Vorschriften der Reichsgesetze werden durch die Konkursordnung nicht berührt.

Aufgehoben werden:

1. die Vorschriften des § 51 des Gesetzes, betreffend die privatrechtliche Stellung der Erwerbs- und Wirtschaftsgenossenschaften, vom 4. Juli 1868, sowie die im § 48 desselben Gesetzes bestimmte Zuständigkeit des Handelsgerichts;
2. die Vorschriften der §§ 13—18 des Gesetzes, betreffend die Gewährung der Rechtshilfe, vom 21. Juni 1869;
3. die Vorschriften der §§ 281—283 des Strafgesetzbuchs.

[Der Artikel 80 der Wechselordnung wird dahin abgeändert, daß die Verjährung auch nach Maßgabe des § 13 der Konkursordnung unterbrochen wird.][1])

Abs. 4 gestrichen durch das Ges. vom 1. Mai 1889, betr. die Erwerbs- und Wirtschaftsgenossenschaften § 153 Abs. 1.

[1]) Abs. 3 ist seit Aufhebung des Art. 80 WO. durch EG.HGB. vom 10. Mai 1897 Art. 8 Nr. 2 gegenstandslos.

§ 4. Aufgehoben werden die Vorschriften der Landesgesetze über Konkurs-, Fallimentss-, Gant-, Debit-Verfahren, über gerichtliche, zur Abwendung oder Einleitung eines solchen Verfahrens dienende Stundungs- und Nachlaßverhandlungen, konkursmäßige Einleitungen, Vermögensuntersuchungen, über die Rechtswohltat der Güterabtretung und die landesherrliche oder gerichtliche Bewilligung einer allgemeinen Zahlungsstundung, sowie über das Konkursrecht, insoweit nicht in der Konkursordnung auf dieselben verwiesen oder bestimmt ist, daß sie nicht berührt werden.

Aufgehoben werden die Strafvorschriften, welche rücksichtlich des Konkurses in den Landesgesetzen enthalten sind.

§ 5. Unberührt bleiben die landesgesetzlichen Vorschriften, welche die Lehen, Stammgüter oder Familienfideikommisse betreffen.

Nr. 2 gestrichen Nov. 98.

§ 6. Die Bestimmungen der §§ 193, 194, 214[1]) der Konkursordnung finden auf registrierte Gesellschaften, welche auf Grund des bayerischen Gesetzes vom 29. April 1869, betreffend die privatrechtliche Stellung der Erwerbs- und Wirtschaftsgesellschaften, bestehen, entsprechende Anwendung.

Die Gesellschaft wird in dem Konkursverfahren durch den Vorstand oder die Liquidatoren vertreten. Ein Zwangsvergleich[2]) findet nicht statt.

Nov. 98.

[1]) Nach geltender Fassung §§ 207, 208, 244.
[2]) KO. §§ 173 ff.

§ 7. In Ansehung der Landesherren und der Mitglieder der landesherrlichen Familien sowie der Mitglieder der Fürstlichen Familie Hohenzollern finden die Bestimmungen der Konkursordnung nur insoweit Anwendung, als nicht besondere Vorschriften der Hausverfassungen oder der Landesgesetze abweichende Bestimmungen enthalten.

Das Gleiche gilt in Ansehung der Mitglieder des vormaligen Hannoverschen Königshauses, des vormaligen Kurhessischen und des vormaligen Herzoglich Nassauischen Fürstenhauses.[1])

Abs. 2 Nov. 98. [1]) Vgl. Reichsges., betr. die Rechtsstellung des Herzoglich Holsteinischen Fürstenhauses, vom 25. März 1904, das bestimmt:

„Die Vorschriften der Reichsgesetze, welche in Ansehung der Mitglieder des vormaligen Hannoverschen Königshauses, des vormaligen Kurhessischen und des vormaligen Herzoglich Nassauischen Fürstenhauses Abweichungen von allgemeinen reichsgesetzlichen Vorschriften zulassen oder vorsehen, finden auch auf die Mitglieder des Herzoglich Holsteinischen Fürstenhauses Anwendung."

§ 8. Ein vor dem Tage des Inkrafttretens[1]) der Konkursordnung eröffnetes Konkursverfahren ist nach den bisherigen Gesetzen zu erledigen.

Der Landesgesetzgebung bleibt vorbehalten, die Konkursordnung auf die Erledigung der vor dem Inkrafttreten der Konkursordnung anhängig gewordenen Konkurssachen für anwendbar zu erklären und zu dem Zwecke Übergangsbestimmungen zu erlassen.

[1]) § 1.

§ 9. In einem am Tage des Inkrafttretens der Konkursordnung oder nach diesem Tage eröffneten Konkursverfahren finden die Bestimmungen der Konkursordnung über die Anfechtung von Rechtshandlungen[1]) auf eine vor dem bezeichneten Tage vorgenommene Rechtshandlung Anwendung, sofern nicht dieselbe nach den Vorschriften der bisherigen Gesetze der Anfechtung entzogen oder in geringerem Umfange unterworfen ist.

[1]) KO. §§ 29—42, 199, 222, 236.

§ 10. In einem am Tage des Inkrafttretens der Konkursordnung oder nach diesem Tage eröffneten Konkursverfahren finden die Bestimmungen der §§ 42, 48 Nr. 3, 49[1]) der Konkursordnung auf eine vor dem bezeichneten Tage abgetretene oder erworbene Forderung

Anwendung, sofern nicht die bisherigen Gesetze eine Aufrechnung zulassen oder eine Verpflichtung zum Schadensersatze nicht oder in geringerem Umfange begründen.

[1]) nach geltender Fassung §§ 50, 55 Nr. 3, 56.

§ 11. In einem am Tage des Inkrafttretens der Konkursordnung oder nach diesem Tage eröffneten Konkursverfahren finden die Bestimmungen der Konkursordnung und dieses Gesetzes über abgesonderte Befriedigung auf Pfand- und Vorzugsrechte Anwendung, wenngleich dieselben oder die Forderungen vor dem bezeichneten Tage erworben sind.

§ 12. Insoweit Pfand- und Vorzugsrechte, welche vor dem Tage des Inkrafttretens der Konkursordnung auf Grund eines Vertrages, einer letztwilligen Anordnung oder einer richterlichen Verfügung erworben oder in Bankstatuten den Banknoteninhabern rechtsgültig zugesichert sind, zufolge der Bestimmungen der Konkursordnung und dieses Gesetzes ihre Wirksamkeit verlieren, kann die Landesgesetzgebung für die Forderung des Berechtigten ein Vorrecht vor allen oder einzelnen der im § 54[1]) der Konkursordnung bezeichneten Forderungen gewähren.

Ist das Pfand- oder Vorzugsrecht auf einzelne bewegliche Gegenstände des Schuldners beschränkt, so kann das Vorrecht nur in Höhe des Erlöses derselben gewährt werden.

Das durch die vorstehenden Bestimmungen vorbehaltene Vorrecht kann nicht gewährt werden für ein zwei Jahre nach dem Inkrafttreten der Konkursordnung eröffnetes Konkursverfahren, wenn nicht das Vorrecht dadurch erhalten wird, daß dasselbe bis zum Ablaufe der zwei Jahre zur Eintragung in ein öffentliches Register vorschriftsmäßig angemeldet ist. Der Erlaß von Vorschriften über die Einrichtung solcher Register, sowie über die Anmeldung und Eintragung der Forderungen bleibt der Landesgesetzgebung vorbehalten.

[1]) nach geltender Fassung § 61.

§ 13. Die Landesgesetzgebung kann der Ehefrau, den Kindern und den Pflegebefohlenen des Gemeinschuldners für Forderungen, welche vor dem Tage des Inkrafttretens der Konkursordnung entstanden sind, ein Vorrecht nach Maßgabe des § 12 Abs. 1, 2 insoweit gewähren, als ein gesetzliches Pfand- oder Vorzugsrecht der Ehefrau, der Kinder oder der Pflegebefohlenen nach den bisherigen Gesetzen bestanden hat.

Auf das Vorrecht der Ehefrau findet die Bestimmung des § 12 Abs. 3 entsprechende Anwendung.

Den Kindern und den Pflegebefohlenen kann das Vorrecht für ein fünf Jahre nach dem Inkrafttreten der Konkursordnung eröffnetes Konkursverfahren nicht gewährt werden.

[§§ 14 bis 16 gestrichen Nov. 98.]

§ 17. Unberührt bleiben die landesgesetzlichen Vorschriften, nach welchen den Inhabern von Pfandbriefen, die von Kreditanstalten, welche nicht zu den Hypothekenbanken gehören, auf Grund von Hypotheken ausgestellt sind, ein Vorrecht vor allen anderen Konkursgläubigern in Ansehung der Befriedigung aus den Hypotheken der Anstalt zusteht.

Unberührt bleiben die landesgesetzlichen Vorschriften, nach welchen den Inhabern von Schuldverschreibungen, die von Körperschaften des öffentlichen Rechtes, Aktiengesellschaften, Kommanditgesellschaften auf Aktien, Gesellschaften mit beschränkter Haftung oder Genossenschaften über ein Anlehen ausgestellt sind, ein Vorrecht vor nicht bevorrechtigten Konkursgläubigern, deren Forderungen später entstehen, dadurch gewährt werden kann, daß die zu bevorrechtigenden Forderungen in ein öffentliches Schuldbuch eingetragen werden.

Fassung nach HypBankG. § 43.

III. Gesetz,

betr. Änderungen der Konkursordnung,

vom 17. Mai 1898.

[Das Gesetz enthält lediglich die in I berücksichtigten Änderungen der Konkursordnung vom 10. Februar 1877.]

IV. Einführungsgesetz

zu dem Gesetze, betr. Änderungen der Konkursordnung,

vom 17. Mai 1898.

Art. I. Das Gesetz, betr. Änderungen der Konkursordnung, tritt gleichzeitig mit dem Bürgerlichen Gesetzbuch[1]) in Kraft.

[1]) EG.BGB. Art. 1.

Art. II. Art. II enthält Änderungen des EG. zur KO.

Art. III. Die Vorschriften des § 41 Abs. 2[1]) der Konkursordnung und des § 17 Nr. 1, 2[2]) des Gesetzes, betreffend die Einführung der Konkursordnung, finden auch außerhalb des Konkurses Anwendung.

[1]) Nach geltender Fassung § 49 Abs. 2.
[2]) alter Fassung.

Art. IV. Unberührt bleiben die landesgesetzlichen Vorschriften, welche die Zulässigkeit des Konkursverfahrens über das Vermögen der im § 15 Nr. 3[1]) des Einführungsgesetzes zur Zivilprozeßordnung bezeichneten juristischen Personen beschränken oder ausschließen.

[1]) EG. ZPO. § 15. Unberührt bleiben: 3. die landesgesetzlichen Vorschriften über die Zwangsvollstreckung wegen Geldforderungen gegen den Fiskus, eine Körperschaft, Stiftung oder Anstalt des öffentlichen Rechts oder eine unter der Verwaltung einer öffentlichen Behörde stehende Körperschaft oder Stiftung, soweit nicht dingliche Rechte verfolgt werden.

Art. V. Ein vor dem Inkrafttreten[1]) des Gesetzes, betreffend Änderungen der Konkursordnung, eröffnetes Konkursverfahren ist nach den bisherigen Gesetzen zu erledigen.

[1]) Art. 1.

Art. VI. In einem am Tage des Inkrafttretens des Gesetzes, betreffend Änderungen der Konkursordnung, oder nach diesem Tage eröffneten Konkursverfahren bleiben, soweit für ein Rechtsverhältnis die Vorschriften des bisherigen bürgerlichen Rechtes maßgebend sind, für das Rechtsverhältnis auch die Vorschriften des bisherigen Konkursrechts maßgebend. Dies gilt insbesondere in Ansehung eines Nachlasses, wenn der Erblasser vor dem bezeichneten Zeitpunkte gestorben ist. Die Landesgesetzgebung kann jedoch auf ein Rechtsverhältnis, für welches nach den Übergangsvorschriften des Einführungsgesetzes zum Bürgerlichen Gesetzbuche die Landesgesetze maßgebend sind, die Vorschriften des neuen Konkursrechts für anwendbar erklären.

Art. VII enthält Änderungen des Anfechtungsgesetzes.

Art. VIII. Die Vorschriften des Art. VII finden auf die vor dem Inkrafttreten dieses Gesetzes vorgenommenen Rechtshandlungen keine Anwendung.

Art. IX. In bürgerlichen Rechtsstreitigkeiten, in welchen durch Klage oder Widerklage ein Anspruch auf Grund des dritten Titels des ersten Buches der Konkursordnung oder auf Grund des Gesetzes, betreffend die Anfechtung von Rechtshandlungen eines Schuldners außerhalb des Konkursverfahrens, geltend gemacht ist, wird die Verhandlung und Entscheidung letzter Instanz im Sinne des § 8 des Einführungsgesetzes zum Gerichtsverfassungsgesetze dem Reichsgerichte zugewiesen.

V. Gesetz,

betr. die Anfechtung von Rechtshandlungen eines Schuldners außerhalb des Konkursverfahrens,

vom 21. Juli 1879,

in der Fassung der Bekanntmachung vom 20. Mai 1898.

---

§ 1. Rechtshandlungen eines Schuldners können außerhalb des Konkursverfahrens[1]) zum Zwecke der Befriedigung eines Gläubigers als diesem gegenüber unwirksam nach Maßgabe der folgenden Bestimmungen angefochten werden.

[1]) Vgl. KO. §§ 29—42, 199, 222, 236.

§ 2. Zur Anfechtung ist jeder Gläubiger, welcher einen vollstreckbaren Schuldtitel[1]) erlangt hat und dessen Forderung fällig[2]) ist, befugt, sofern die Zwangsvollstreckung in das Vermögen des Schuldners zu einer vollständigen Befriedigung des Gläubigers nicht geführt hat oder anzunehmen ist, daß sie zu einer solchen nicht führen würde.

[1]) ZPO. §§ 704, 708 ff., 794, 801 u. Erweiterungen. [2]) BGB. § 271.

§ 3. Anfechtbar sind:

1. Rechtshandlungen, welche der Schuldner in der dem anderen Teile bekannten Absicht, seine Gläubiger zu benachteiligen, vorgenommen hat;[1])
2. die in dem letzten Jahre vor der Anfechtung geschlossenen entgeltlichen Verträge des Schuldners mit seinem Ehegatten, vor oder während der Ehe, mit seinen oder seines Ehegatten Verwandten in auf- und absteigender Linie,[2]) mit seinen oder seines Ehegatten voll- und halbbürtigen Geschwi-

stern, oder mit dem Ehegatten einer dieser Personen,

sofern durch den Abschluß des Vertrages die Gläubiger des Schuldners benachteiligt werden und der andere Teil nicht beweist, daß ihm zur Zeit des Vertragsabschlusses eine Absicht des Schuldners, die Gläubiger zu benachteiligen, nicht bekannt war;[3])

3. die in dem letzten Jahre vor der Anfechtung von dem Schuldner vorgenommenen unentgeltlichen Verfügungen, sofern nicht dieselben gebräuchliche Gelegenheitsgeschenke zum Gegenstande hatten;[4])
4. die in den letzten zwei Jahren vor der Anfechtung von dem Schuldner vorgenommenen unentgeltlichen Verfügungen zugunsten seines Ehegatten.[5])

Nr. 2, 3, 4 Nov. 98. [1]) Vgl. KO. § 31 Nr. 1. [2]) BGB. § 1589. [3]) Vgl. KO. § 31 Nr. 2. [4]) Vgl. KO. § 32 Nr. 1. [5]) Vgl. KO. § 32 Nr. 2.

§ 3a. Hat der Erbe aus dem Nachlasse Pflichtteilsansprüche,[1]) Vermächtnisse[2]) oder Auflagen[3]) erfüllt, so kann ein Nachlaßgläubiger, der im Konkursverfahren über den Nachlaß dem Empfänger der Leistung im Range vorgehen oder gleichstehen[4]) würde, die Leistung in gleicher Weise anfechten wie eine unentgeltliche Verfügung des Erben.[5])

Nov. 98. [1]) BGB. § 2317. [2]) BGB. §§ 1939, 2147 ff. [3]) BGB. §§ 1940, 2192 ff. [4]) KO. §§ 224—227. [5]) Vgl. KO. § 222.

§ 4. Hat der Gläubiger, bevor er einen vollstreckbaren Schuldtitel[1]) erlangt hatte oder seine Forderung fällig war, denjenigen, welchem gegenüber eine im § 3 Nr. 2 bis 4 bezeichnete Rechtshandlung vorgenommen ist, von seiner Absicht, die Handlung anzufechten, durch Zustellung eines Schriftsatzes in Kenntnis gesetzt, so wird die Frist von dem Zeitpunkte der Zustellung zurückgerechnet, sofern schon zu dieser Zeit der Schuldner zahlungsunfähig[2]) war und bis zum Ablaufe von zwei Jahren seit diesem Zeitpunkte die Anfechtung erfolgt ist.

Nov. 98. [1]) Bem. 1 zu § 2. [2]) KO. § 102.

§ 5. Die Erhebung des Anfechtungsanspruchs im Wege der Einrede kann erfolgen, bevor ein vollstreckbarer

Schuldtitel für die Forderung erlangt ist; der Gläubiger hat denselben jedoch vor der Entscheidung binnen einer von dem Gerichte zu bestimmenden Frist beizubringen.

§ 6. Die Anfechtung wird dadurch nicht ausgeschlossen, daß für die anzufechtende Rechtshandlung ein vollstreckbarer Schuldtitel erlangt, oder daß dieselbe durch Zwangsvollstreckung[1]) oder durch Vollziehung eines Arrestes[2]) erwirkt worden ist.[3])

[1]) ZPO. §§ 704 ff. [2]) ZPO. §§ 916 ff., 930 ff. [3]) Vgl. KO. § 35.

§ 7. Der Gläubiger kann, soweit es zu seiner Befriedigung erforderlich ist, beanspruchen, daß dasjenige, was durch die anfechtbare Handlung[1]) aus dem Vermögen des Schuldners veräußert, weggegeben oder aufgegeben ist, als noch zu demselben gehörig von dem Empfänger zurückgewährt werde.

Der gutgläubige Empfänger einer unentgeltlichen Leistung hat dieselbe nur soweit zurückzugewähren, als er durch sie bereichert ist.[2])

[1]) §§ 3, 3a. [2]) Vgl. KO. § 37.

§ 8. Wegen Erstattung einer Gegenleistung oder im Fall einer anfechtbaren Leistung wegen seiner Forderung kann der Empfänger sich nur an den Schuldner halten.

§ 9. Erfolgt die Anfechtung im Wege der Klage, so hat der Klagantrag[1]) bestimmt zu bezeichnen, in welchem Umfange und in welcher Weise die Rückgewähr[2]) seitens des Empfängers bewirkt werden soll.

[1]) ZPO. § 253 Abs. 2 Nr. 2. [2]) § 7.

§ 10. Liegt ein nur vorläufig vollstreckbarer[1]) Schuldtitel des Gläubigers oder ein unter Vorbehalt ergangenes Urteil (Zivilprozeßordnung §§ 540, 599) vor, so ist in dem den Anfechtungsanspruch für begründet erklärenden Urteile die Vollstreckung desselben davon abhängig zu machen, daß die gegen den Schuldner ergangene Entscheidung rechtskräftig oder vorbehaltlos wird.

[1]) ZPO. §§ 708 ff.

§ 11. Die gegen den Erblasser begründete[1]) Anfechtung findet gegen den Erben[2]) statt.

Gegen einen anderen Rechtsnachfolger desjenigen, welchem gegenüber die anfechtbare Handlung vorgenommen ist, findet die gegen den letzteren begründete Anfechtung statt:

1. wenn ihm zur Zeit seines Erwerbes die Umstände, welche die Anfechtbarkeit des Erwerbes seines Rechtsvorgängers begründen, bekannt waren;
2. wenn er zu den im § 3 Nr. 2 genannten Personen gehört, es sei denn, daß ihm zur Zeit seines Erwerbes die Umstände, welche die Anfechtbarkeit des Erwerbes seines Rechtsvorgängers begründen, unbekannt waren;
3. wenn ihm das Erlangte unentgeltlich zugewendet worden ist.

Im Falle des Abs. 2 Nr. 3 findet auf die Haftung des Rechtsnachfolgers die Vorschrift des § 7 Abs. 2 Anwendung.[3])

Zur Erstreckung der Fristen in Gemäßheit des § 4 genügt die Zustellung des Schriftsatzes an den Rechtsnachfolger, gegen welchen die Anfechtung erfolgen soll.

Abs. 2—4 Nov. 98. [1]) §§ 3, 3a. [2]) BGB. § 1922. [3]) Vgl. KO. § 40.

§ 12. Die Anfechtung einer nach § 3 Nr. 1 anfechtbaren Handlung kann nur binnen zehn Jahren erfolgen. Auf den Lauf der Frist finden die für die Verjährung geltenden Vorschriften des § 203 Abs. 2 und der §§ 206, 207 des Bürgerlichen Gesetzbuchs entsprechende Anwendung.

Die Frist beginnt mit dem Zeitpunkt, in welchem der Gläubiger den vollstreckbaren Schuldtitel[1]) erlangt hatte und seine Forderung fällig war, wenn aber die Rechtshandlung nach diesem Zeitpunkte vorgenommen ist, mit der Vornahme der Handlung.

Die Anfechtung ist ausgeschlossen, wenn seit der Vornahme der Rechtshandlung dreißig Jahre verstrichen sind.[2])

Nov. 98. [1]) § 2. [2]) Vgl. KO. § 41.

§ 13. Wird über das Vermögen des Schuldners das Konkursverfahren eröffnet, so steht die Verfolgung der von Konkursgläubigern erhobenen Anfechtungsansprüche dem Konkursverwalter[1]) zu. Aus dem Erstrittenen sind dem Gläubiger die Prozeßkosten vorweg zu erstatten.

Ist das Verfahren über den Anfechtungsanspruch noch rechtshängig, so wird dasselbe unterbrochen. Im Fall einer Verzögerung der Aufnahme kommen die Bestimmungen der Zivilprozeßordnung § 239 zur entsprechenden Anwendung. Der Konkursverwalter kann den Anspruch nach den Vorschriften der Konkursordnung §§ 37 bis 39, 41 in Gemäßheit der §§ 268, 529 der Zivilprozeßordnung erweitern. Lehnt der Verwalter die Aufnahme[2]) des Rechtsstreits ab, so kann derselbe rücksichtlich der Prozeßkosten von jeder Partei aufgenommen werden. Durch die Ablehnung der Aufnahme wird die Befugnis des Verwalters, nach den Vorschriften der Konkursordnung[3]) das Anfechtungsrecht auszuüben, nicht ausgeschlossen.

Soweit der Gläubiger aus dem Zurückzugewährenden eine Sicherung oder Befriedigung erlangt hatte, finden auf die Anfechtung derselben die Vorschriften des § 30 Nr. 1 der Konkursordnung entsprechende Anwendung.

Nach der Beendigung[4]) des Konkursverfahrens können Anfechtungsrechte, deren Ausübung dem Konkursverwalter[5]) zustand, von den einzelnen Gläubigern nach Maßgabe dieses Gesetzes verfolgt werden, soweit nicht dem Anspruch entgegenstehende Einreden gegen den Verwalter erlangt sind. War die Anfechtung nicht schon zur Zeit der Eröffnung des Konkursverfahrens[6]) erfolgt, so wird die im § 3 Nr. 2 bis 4 bestimmte Frist von diesem Zeitpunkte berechnet, sofern die Anfechtung bis zum Ablauf eines Jahres seit der Beendigung des Konkursverfahrens erfolgt.

Rechtshandlungen, welche der Gemeinschuldner rücksichtlich seines nicht zur Konkursmasse[7]) gehörigen Vermögens vorgenommen hat, können von den Konkursgläubigern auch während des Konkursverfahrens nach Maßgabe dieses Gesetzes angefochten werden.

Abs. 4 S. 2 Nov. 98.

[1]) Vgl. KO. § 36. [2]) ZPO. § 250. [3]) KO. §§ 29 ff. [4]) KO. §§ 163, 190, 202 ff. [5]) § 13 Abs. 1. [6]) KO. § 108. [7]) KO. §§ 1, 2.

§ 14.[1]) Dieses Gesetz tritt im ganzen Umfange des Reichs gleichzeitig mit der Konkursordnung[2]) in Kraft.

Dasselbe findet auch auf die vor diesem Zeitpunkte vorgenommenen Rechtshandlungen Anwendung, sofern sie nicht nach den Vorschriften der bisherigen Gesetze der Anfechtung entzogen oder in geringerem Umfange unterworfen sind.

Ist der Anfechtungsanspruch zur Zeit des Inkrafttretens dieses Gesetzes rechtshängig,[3]) so bleiben für die Entscheidung des Rechtsstreits die Vorschriften der bisherigen Gesetze maßgebend.

[1]) Dieser § fehlt in der Bekanntmachung vom 20. Mai 1898. [2]) EG. KO. § 1. [3]) ZPO. § 263.

Anhang.

Die wichtigsten konkursrechtlichen Bestimmungen aus sonstigen Reichsgesetzen.

VI. Handelsgesetzbuch
vom 10. Mai 1897.

Erstes Buch.
Handelsstand.
Dritter Abschnitt.
Handelsfirma.

§ 32. Wird über das Vermögen eines Kaufmanns der Konkurs eröffnet, so ist dies von Amts wegen in das Handelsregister einzutragen.[1] Das Gleiche gilt von der Aufhebung des Eröffnungsbeschlusses[2]) sowie von der Einstellung[3]) und Aufhebung[4]) des Konkurses. Eine öffentliche Bekanntmachung der Eintragungen findet nicht statt. Die Vorschriften des § 15 bleiben außer Anwendung.

1) Vgl. KO. § 112. 2) KO. § 116.
3) KO. §§ 202 ff. 4) KO. § 163, 190.

§ 33. Eine juristische Person, deren Eintragung in das Handelsregister mit Rücksicht auf den Gegenstand oder auf die Art und den Umfang ihres Gewerbebetriebs zu erfolgen hat, ist von sämtlichen Mitgliedern des Vorstandes zur Eintragung anzumelden.

Der Anmeldung sind die Satzung der juristischen Person und die Urkunden über die Bestellung des Vorstandes in Urschrift oder in öffentlich beglaubigter Abschrift beizufügen. Bei der Anmeldung zum Handelsregister einer Zweigniederlassung bedarf es der Beifügung der Urkunden über die Bestellung des Vorstandes nicht.

Bei der Eintragung sind die Firma und der Sitz der juristischen Person, der Gegenstand des Unternehmens und die Mitglieder des Vorstandes anzugeben. Besondere Bestimmungen der Satzung über die Befugnis des Vorstandes zur Vertretung der juristischen Person oder über die Zeitdauer des Unternehmens sind gleichfalls einzutragen.

§ 34. Jede Änderung der nach § 33 Abs. 3 einzutragenden Tatsachen oder der Satzung, die Auflösung der juristischen Person, falls sie nicht die Folge der Eröffnung des Konkurses ist, sowie die Personen der Liquidatoren und die besonderen Bestimmungen über ihre Vertretungsbefugnis sind zur Eintragung in das Handelsregister anzumelden.

Bei der Eintragung einer Änderung der Satzung genügt, soweit nicht die Änderung die im § 33 Abs. 3 bezeichneten Angaben betrifft, die Bezugnahme auf die bei dem Gericht eingereichten Urkunden über die Änderung.

Die Anmeldung hat durch den Vorstand oder, sofern die Eintragung erst nach der Anmeldung der ersten Liquidatoren geschehen soll, durch die Liquidatoren zu erfolgen.

Die Eintragung gerichtlich bestellter Vorstandsmitglieder oder Liquidatoren geschieht von Amts wegen.

Im Falle des Konkurses finden die Vorschriften des § 32 Anwendung.

Zweites Buch.

Handelsgesellschaften und stille Gesellschaft.

Erster Abschnitt.

Offene Handelsgesellschaft.

Vierter Titel.

Auflösung der Gesellschaft und Ausscheiden von Gesellschaftern.

§ 131. Die offene Handelsgesellschaft wird aufgelöst:

1. durch den Ablauf der Zeit, für welche sie eingegangen ist;

2. durch Beschluß der Gesellschafter;
3. durch die Eröffnung des Konkurses über das Vermögen der Gesellschaft;[1])
4. durch den Tod eines Gesellschafters, sofern nicht aus dem Gesellschaftsvertrage sich ein anderes ergibt;
5. durch die Eröffnung des Konkurses über das Vermögen eines Gesellschafters;[2])
6. durch Kündigung und durch gerichtliche Entscheidung.

[1]) KO. § 209. [2]) Vgl. KO. § 212.

§ 136. Wird die Gesellschaft in anderer Weise als durch Kündigung aufgelöst, so gilt die Befugnis eines Gesellschafters zur Geschäftsführung zu seinen Gunsten gleichwohl als fortbestehend, bis er von der Auflösung Kenntnis erlangt oder die Auflösung kennen muß.

§ 137. Wird die Gesellschaft durch den Tod eines Gesellschafters aufgelöst, so hat der Erbe des verstorbenen Gesellschafters den übrigen Gesellschaftern den Tod unverzüglich anzuzeigen und bei Gefahr im Verzuge die von seinem Erblasser zu besorgenden Geschäfte fortzuführen, bis die übrigen Gesellschafter in Gemeinschaft mit ihm anderweit Fürsorge treffen können. Die übrigen Gesellschafter sind in gleicher Weise zur einstweiligen Fortführung der von ihnen zu besorgenden Geschäfte verpflichtet. Die Gesellschaft gilt insoweit als fortbestehend.

Die Vorschriften des Abs. 1 Satz 2, 3 finden auch im Falle der Auflösung der Gesellschaft durch die Eröffnung des Konkurses über das Vermögen eines Gesellschafters[1]) Anwendung.

[1]) § 131 Nr. 5.

§ 138. Ist im Gesellschaftsvertrage bestimmt, daß, wenn ein Gesellschafter kündigt oder stirbt oder wenn der Konkurs über sein Vermögen eröffnet wird, die Gesellschaft unter den übrigen Gesellschaftern fortbestehen soll, so scheidet mit dem Zeitpunkt, in welchem mangels einer solchen Bestimmung die Gesellschaft aufgelöst werden würde, der Gesellschafter, in dessen Person das Ereignis eintritt, aus der Gesellschaft aus.

§ 141. Macht ein Privatgläubiger eines Gesellschafters von dem ihm nach § 135 zustehenden Rechte Gebrauch, so können die übrigen Gesellschafter auf Grund eines von ihnen gefaßten Beschlusses dem Gläubiger erklären, daß die Gesellschaft unter ihnen fortbestehen solle. In diesem Falle scheidet der betreffende Gesellschafter mit dem Ende des Geschäftsjahrs aus der Gesellschaft aus.

Diese Vorschriften finden im Falle der Eröffnung des Konkurses über das Vermögen eines Gesellschafters mit der Maßgabe Anwendung, daß die Erklärung gegenüber dem Konkursverwalter zu erfolgen hat und daß der Gemeinschuldner mit dem Zeitpunkte der Eröffnung[1]) des Konkurses als aus der Gesellschaft ausgeschieden gilt.

[1]) KO. § 108.

§ 142. Sind nur zwei Gesellschafter vorhanden, so kann, wenn in der Person des einen von ihnen die Voraussetzungen vorliegen, unter welchen bei einer größeren Zahl von Gesellschaftern seine Ausschließung aus der Gesellschaft zulässig sein würde, der andere Gesellschafter auf seinen Antrag vom Gerichte für berechtigt erklärt werden, das Geschäft ohne Liquidation mit Aktiven und Passiven zu übernehmen.

Macht bei einer aus zwei Gesellschaftern bestehenden Gesellschaft ein Privatgläubiger des einen Gesellschafters von der ihm nach § 135 zustehenden Befugnis Gebrauch oder wird über das Vermögen des einen Gesellschafters der Konkurs eröffnet, so ist der andere Gesellschafter berechtigt, das Geschäft in der bezeichneten Weise zu übernehmen.

Auf die Auseinandersetzung finden die für den Fall des Ausscheidens eines Gesellschafters aus der Gesellschaft geltenden Vorschriften entsprechende Anwendung.

§ 144. Ist die Gesellschaft durch die Eröffnung des Konkurses über ihr Vermögen aufgelöst,[1]) der Konkurs aber nach Abschluß eines Zwangsvergleichs aufgehoben[2]) oder auf Antrag des Gemeinschuldners eingestellt,[3]) so können die Gesellschafter die Fortsetzung der Gesellschaft beschließen.

Die Fortsetzung ist von sämtlichen Gesellschaftern zur Eintragung in das Handelsregister anzumelden.

[1]) § 131. [2]) KO. §§ 173 ff., 211, 190.
[3]) KO. §§ 202 ff.

Fünfter Titel.

Liquidation der Gesellschaft.

§ 145. Nach der Auflösung der Gesellschaft findet die Liquidation statt, sofern nicht eine andere Art der Auseinandersetzung von den Gesellschaftern vereinbart oder über das Vermögen der Gesellschaft der Konkurs[1]) eröffnet ist.

Ist die Gesellschaft durch Kündigung des Gläubigers eines Gesellschafters oder durch die Eröffnung des Konkurses über das Vermögen eines Gesellschafters[2]) aufgelöst, so kann die Liquidation nur mit Zustimmung des Gläubigers oder des Konkursverwalters unterbleiben.

[1]) KO. § 209. [2]) § 131 Nr. 5.

§ 146. Die Liquidation erfolgt, sofern sie nicht durch Beschluß der Gesellschafter oder durch den Gesellschaftsvertrag einzelnen Gesellschaftern oder anderen Personen übertragen ist, durch sämtliche Gesellschafter als Liquidatoren. Mehrere Erben eines Gesellschafters haben einen gemeinsamen Vertreter zu bestellen.

Auf Antrag eines Beteiligten kann aus wichtigen Gründen die Ernennung von Liquidatoren durch das Gericht erfolgen, in dessen Bezirke die Gesellschaft ihren Sitz hat; das Gericht kann in einem solchen Falle Personen zu Liquidatoren ernennen, die nicht zu den Gesellschaftern gehören. Als Beteiligter gilt außer den Gesellschaftern im Falle des § 135 auch der Gläubiger, durch den die Kündigung erfolgt ist.

Ist über das Vermögen eines Gesellschafters der Konkurs eröffnet, so tritt der Konkursverwalter an die Stelle des Gesellschafters.

Zweiter Abschnitt.

Kommanditgesellschaft.

§ 161. Eine Gesellschaft, deren Zweck auf den Betrieb eines Handelsgewerbes unter gemeinschaftlicher Firma gerichtet ist, ist eine Kommanditgesellschaft, wenn bei einem oder bei einigen von den Gesellschaftern die Haftung gegenüber den Gesellschaftsgläubigern auf den Betrag einer bestimmten Vermögenseinlage beschränkt ist (Kommanditisten), während bei dem anderen Teile der Gesellschafter eine Beschränkung der Haftung nicht stattfindet (persönlich haftende Gesellschafter).

Soweit nicht in diesem Abschnitt ein anderes vorgeschrieben ist, finden auf die Kommanditgesellschaft die für die offene Handelsgesellschaft geltenden Vorschriften Anwendung.

§ 171. Der Kommanditist haftet den Gläubigern der Gesellschaft bis zur Höhe seiner Einlage unmittelbar; die Haftung ist ausgeschlossen, soweit die Einlage geleistet ist.

Ist über das Vermögen der Gesellschaft der Konkurs[1]) eröffnet, so wird während der Dauer des Verfahrens das den Gesellschaftsgläubigern nach Abs. 1 zustehende Recht durch den Konkursverwalter ausgeübt.

[1]) KO. § 209.

Dritter Abschnitt.

Aktiengesellschaft.

Zweiter Titel.

Rechtsverhältnisse der Gesellschaft und der Gesellschafter.

§ 217. Die Aktionäre haften für die Verbindlichkeiten der Gesellschaft, soweit sie den Vorschriften dieses Gesetzbuchs entgegen Zahlungen von der Gesellschaft empfangen haben. Was ein Aktionär in gutem Glauben als Gewinnanteil oder als Zinsen bezogen hat, ist er in keinem Falle zurückzuzahlen verpflichtet.

Ist über das Vermögen der Gesellschaft der Konkurs[1]) eröffnet, so wird während der Dauer des Verfahrens das den Gesellschaftsgläubigern gegen die Aktionäre zustehende Recht durch den Konkursverwalter ausgeübt.

Die nach diesen Vorschriften begründeten Ansprüche verjähren in fünf Jahren vom Empfange der Zahlung an.

1) KO. §§ 207, 208.

Dritter Titel.

Verfassung und Geschäftsführung.

§ 240. Erreicht der Verlust, der sich bei der Aufstellung der Jahresbilanz oder einer Zwischenbilanz ergibt, die Hälfte des Grundkapitals, so hat der Vorstand unverzüglich die Generalversammlung zu berufen und dieser davon Anzeige zu machen.

Sobald Zahlungsunfähigkeit[1]) der Gesellschaft eintritt, hat der Vorstand die Eröffnung des Konkurses zu beantragen;[2]) dasselbe gilt, wenn sich bei der Aufstellung der Jahresbilanz oder einer Zwischenbilanz ergibt, daß das Vermögen nicht mehr die Schulden deckt.[1])

1) KO. §§ 102, 207. 2) KO. § 208 (Antragsrecht).

§ 241. Die Mitglieder des Vorstandes haben bei ihrer Geschäftsführung die Sorgfalt eines ordentlichen Geschäftsmanns anzuwenden.

Mitglieder, die ihre Obliegenheiten verletzen, haften der Gesellschaft als Gesamtschuldner für den daraus entstehenden Schaden.

Insbesondere sind sie zum Ersatze verpflichtet, wenn entgegen den Vorschriften dieses Gesetzbuchs:

1. Einlagen an die Aktionäre zurückgezahlt,
2. den Aktionären Zinsen oder Gewinnanteile gezahlt,
3. eigene Aktien oder Interimsscheine der Gesellschaft erworben, zum Pfande genommen oder eingezogen,
4. Aktien vor der vollen Leistung des Nennbetrags oder, falls der Ausgabepreis höher ist, vor der vollen Leistung dieses Betrags ausgegeben werden,
5. die Verteilung des Gesellschaftsvermögens oder eine teilweise Zurückzahlung des Grundkapitals erfolgt,

6. Zahlungen geleistet werden, nachdem die Zahlungsunfähigkeit[1]) der Gesellschaft eingetreten ist oder ihre Überschuldung[1]) sich ergeben hat.

In den Fällen des Abs. 3 kann der Ersatzanspruch auch von den Gläubigern der Gesellschaft, soweit sie von dieser ihre Befriedigung nicht erlangen können, geltend gemacht werden. Die Ersatzpflicht wird ihnen gegenüber weder durch einen Verzicht der Gesellschaft noch dadurch aufgehoben, daß die Handlung auf einem Beschlusse der Generalversammlung beruht.

Die Ansprüche auf Grund dieser Vorschriften verjähren in fünf Jahren.

[1]) § 240, KO. § 207.

§ 242. Die für die Mitglieder des Vorstandes geltenden Vorschriften finden auch auf die Stellvertreter von Mitgliedern Anwendung.

§ 249. Die Mitglieder des Aufsichtsrats haben bei der Erfüllung ihrer Obliegenheiten die Sorgfalt eines ordentlichen Geschäftsmanns anzuwenden.

Mitglieder, die ihre Obliegenheiten verletzen, haften der Gesellschaft mit den Vorstandsmitgliedern als Gesamtschuldner für den daraus entstehenden Schaden.

Insbesondere sind sie zum Ersatze verpflichtet, wenn mit ihrem Wissen und ohne ihr Einschreiten die im § 241 Abs. 3 bezeichneten Handlungen vorgenommen werden. Auf die Geltendmachung des Ersatzanspruchs finden die Vorschriften des § 241 Abs. 4 Anwendung.

Die Ansprüche auf Grund der Vorschriften der Abs. 1 bis 3 verjähren in fünf Jahren.

Fünfter Titel.

Auflösung und Nichtigkeit der Gesellschaft.

§ 292. Die Aktiengesellschaft wird aufgelöst:

1. durch den Ablauf der im Gesellschaftsvertrage bestimmten Zeit;
2. durch Beschluß der Generalversammlung; der Beschluß bedarf einer Mehrheit, die mindestens drei

Vierteile des bei der Beschlußfassung vertretenen Grundkapitals umfaßt; der Gesellschaftsvertrag kann noch andere Erfordernisse aufstellen;

3. durch die Eröffnung des Konkurses über das Vermögen der Gesellschaft.[1])

Die Vorschriften dieses Titels kommen auch zur Anwendung, wenn die Auflösung einer Aktiengesellschaft aus anderen Gründen erfolgt.

[1]) KO. § 207.

§ 293. Die Auflösung der Gesellschaft ist außer dem Falle des Konkurses[1]) durch den Vorstand zur Eintragung in das Handelsregister anzumelden.

[1]) Vgl. §§ 34 Abs. 5, 32.

§ 294. Nach der Auflösung der Gesellschaft findet die Liquidation statt, sofern nicht über das Vermögen der Gesellschaft der Konkurs eröffnet ist.

Bis zur Beendigung der Liquidation kommen die Vorschriften der vorausgehenden Titel zur Anwendung, soweit sich nicht aus diesem Titel oder aus dem Zwecke der Liquidation ein anderes ergibt.

§ 298. Der Geschäftskreis der Liquidatoren sowie die Form, in welcher sie die Firma zu zeichnen haben, bestimmt sich nach den Vorschriften der §§ 149, 151, 153.

Im übrigen haben die Liquidatoren innerhalb ihres Geschäftskreises die Rechte und Pflichten des Vorstandes; sie unterliegen gleich diesem der Überwachung durch den Aufsichtsrat.

In Ansehung der Mitwirkung sämtlicher Liquidatoren bei Willenserklärungen für die Gesellschaft findet die Vorschrift des § 232 Abs. 1 Satz 1 nur insoweit Anwendung, als nicht für die Liquidatoren im Gesellschaftsvertrag oder bei ihrer Ernennung ein anderes bestimmt ist.

Eine Bestellung von Prokuristen findet nicht statt. Die Vorschriften des § 236 bleiben außer Anwendung.

§ 307. Ist eine Aktiengesellschaft zum Zwecke der Veräußerung ihres Vermögens im ganzen oder zum Zwecke der Umwandlung in eine andere Gesellschaft aufgelöst worden, so kann, wenn der beabsichtigte Zweck nicht erreicht wird, die Generalversammlung die Fortsetzung der Gesellschaft beschließen.

Das Gleiche gilt in dem Falle, daß die Gesellschaft durch die Eröffnung des Konkurses aufgelöst,[1]) der Konkurs aber nach Abschluß eines Zwangsvergleichs aufgehoben[2]) oder auf Antrag des Gemeinschuldners eingestellt worden[3]) ist.

Die Fortsetzung der Gesellschaft ist von dem Vorstande zur Eintragung in das Handelsregister anzumelden.

[1]) § 292 Nr. 3. [2]) KO. § 190. [3]) KO. §§ 202 ff.

Sechster Titel.

Strafvorschriften.

§ 315. Mit Gefängnis bis zu drei Monaten und zugleich mit Geldstrafe bis zu fünftausend Mark werden bestraft:

1. die Mitglieder des Vorstandes oder die Liquidatoren sowie die Mitglieder des Aufsichtsrats, wenn länger als drei Monate die Gesellschaft ohne Aufsichtsrat geblieben ist oder in dem letzteren die zur Beschlußfähigkeit erforderliche Zahl von Mitgliedern gefehlt hat;
2. die Mitglieder des Vorstandes oder die Liquidatoren, wenn entgegen den Vorschriften des § 240 Abs. 2 und des § 298 Abs. 2 der Antrag auf Eröffnung des Konkursverfahrens[1]) unterblieben ist.

Sind mildernde Umstände vorhanden, so tritt ausschließlich die Geldstrafe ein.

Straflos bleibt derjenige, bezüglich dessen festgestellt wird, daß die Bestellung oder Ergänzung des Aufsichtsrats oder der Eröffnungsantrag ohne sein Verschulden unterblieben ist.[2])

[1]) KO. § 208. [2]) Vgl. KO. § 244.

Vierter Abschnitt.

Kommanditgesellschaft auf Aktien.

§ 320. Mindestens ein Gesellschafter der Kommanditgesellschaft auf Aktien haftet den Gesellschaftsgläubigern unbeschränkt (persönlich haftender Gesellschafter), während die übrigen sich nur mit Einlagen auf das in Aktien zerlegte Grundkapital der Gesellschaft beteiligen (Kommanditisten).

Das Rechtsverhältnis der persönlich haftenden Gesellschafter untereinander und gegenüber der Gesamtheit der Kommanditisten sowie gegenüber Dritten, insbesondere die Befugnis der persönlich haftenden Gesellschafter zur Geschäftsführung und zur Vertretung der Gesellschaft, bestimmt sich nach den für die Kommanditgesellschaft geltenden Vorschriften.

Im übrigen gelten für die Kommanditgesellschaft auf Aktien, soweit sich nicht aus den nachfolgenden Vorschriften oder aus dem Fehlen eines Vorstandes ein anderes ergibt, die Vorschriften des dritten Abschnitts über die Aktiengesellchaft.

§ 325. Die den Vorstand der Aktiengesellschaft betreffenden Vorschriften.

1. über die Anmeldungen, Einreichungen und Erklärungen zum Handelsregister,
2. über die Berufung der Generalversammlung,
3. über die Aufstellung, Vorlegung und Veröffentlichung der Jahresbilanz und der Gewinn- und Verlustrechnung sowie über die Vorlegung des Geschäftsberichts,
4. über die Anfechtung von Beschlüssen der Generalversammlung,
5. über das Verfahren im Falle der Bestellung von Revisoren zur Prüfung der Bilanz oder zur Prüfung von Vorgängen bei der Gründung oder Geschäftsführung sowie über die Obliegenheiten gegenüber den Revisoren und dem Aufsichtsrate,
6. über die im Falle einer Herabsetzung des Grundkapitals an die Gläubiger zu richtende Aufforderung,

7. über die Geltendmachung von Ersatzansprüchen der Gesellschaft wegen der Geschäftsführung,
8. über die Stellung des Antrags auf Eröffnung des Konkursverfahrens,[1])
9. über die strafrechtliche Verantwortlichkeit und über die Verhängung von Ordnungsstrafen

finden auf die persönlich haftenden Gesellschafter entsprechende Anwendung.

[1]) § 240, KO. § 210.

§ 330. In betreff der Tatsachen, durch welche die Auflösung der Kommanditgesellschaft auf Aktien herbeigeführt wird, sowie in betreff des Ausscheidens eines von mehreren persönlich haftenden Gesellschaftern aus der Gesellschaft finden die für die Kommanditgesellschaft geltenden Vorschriften mit folgenden Maßgaben Anwendung.

Die Eröffnung des Konkurses über das Vermögen eines Kommanditisten hat die Auflösung der Gesellschaft nicht zur Folge; die Gläubiger eines Kommanditisten sind nicht berechtigt, die Gesellschaft zu kündigen.

Für die Kündigung durch die Kommanditisten sowie für ihre Zustimmung zur Auflösung der Gesellschaft ist ein Beschluß der Generalversammlung erforderlich; der Beschluß bedarf einer Mehrheit, die mindestens drei Vierteile des bei der Beschlußfassung vertretenen Grundkapitals umfaßt. Das Gleiche gilt in betreff des Antrags auf Auflösung der Gesellschaft durch gerichtliche Entscheidung. Der Gesellschaftsvertrag kann noch andere Erfordernisse für die Beschlußfassung aufstellen.

Das Ausscheiden von persönlich haftenden Gesellschaftern kann außer dem Falle der Ausschließung nur stattfinden, soweit es im Gesellschaftsvertrage für zulässig erklärt ist.

Die Auflösung der Gesellschaft sowie das Ausscheiden eines persönlich haftenden Gesellschafters ist von sämtlichen persönlich haftenden Gesellschaftern zur Eintragung in das Handelsregister anzumelden. Die Vorschrift des § 143 Abs. 3 findet Anwendung.

Fünfter Abschnitt.

Stille Gesellschaft.

§ 341. Wird über das Vermögen des Inhabers des Handelsgeschäfts der Konkurs eröffnet, so kann der stille Gesellschafter wegen der Einlage, soweit sie den Betrag des auf ihn fallenden Anteils am Verlust übersteigt, seine Forderung als Konkursgläubiger[1]) geltend machen.

Ist die Einlage rückständig, so hat sie der stille Gesellschafter bis zu dem Betrage, welcher zur Deckung seines Anteils am Verlust erforderlich ist, zur Konkursmasse einzuzahlen.

[1]) KO. §§ 3, 61 ff.

§ 342. Ist auf Grund einer in dem letzten Jahre vor der Eröffnung[1]) des Konkurses zwischen dem Inhaber des Handelsgeschäfts und dem stillen Gesellschafter getroffenen Vereinbarung diesem die Einlage ganz oder teilweise zurückgewährt oder sein Anteil an dem entstandenen Verluste ganz oder teilweise erlassen worden, so kann die Rückgewähr oder der Erlaß von dem Konkursverwalter angefochten[2]) werden. Es begründet keinen Unterschied, ob die Rückgewähr oder der Erlaß unter Auflösung der Gesellschaft stattgefunden hat oder nicht.

Die Anfechtung ist ausgeschlossen, wenn der Konkurs in Umständen seinen Grund hat, die erst nach der Vereinbarung der Rückgewähr oder des Erlasses eingetreten sind.

Die Vorschriften der Konkursordnung über die Geltendmachung der Anfechtung und deren Wirkung[3]) finden Anwendung.

[1]) KO. § 108. [2]) KO. §§ 29 ff. [3]) KO §§ 36 ff.

VII. Gesetz,

betr. die Gesellschaften mit beschränkter Haftung vom 20. April 1892 in der Fassung der Bekanntmachung vom 20. Mai 1898.

Fünfter Abschnitt.

Auflösung und Nichtigkeit der Gesellschaft.

§ 60. Die Gesellschaft mit beschränkter Haftung wird aufgelöst:

1. durch Ablauf der im Gesellschaftsvertrage bestimmten Zeit;
2. durch Beschluß der Gesellschafter; derselbe bedarf, sofern im Gesellschaftsvertrage nicht ein anderes bestimmt ist, einer Mehrheit von drei Vierteilen der abgegebenen Stimmen;
3. durch gerichtliches Urteil oder durch Entscheidung des Verwaltungsgerichts oder der Verwaltungsbehörde in den Fällen der §§ 61 und 62;
4. durch die Eröffnung des Konkursverfahrens;[1]) wird das Verfahren nach Abschluß eines Zwangsvergleichs aufgehoben[2]) oder auf Antrag des Gemeinschuldners eingestellt,[3]) so können die Gesellschafter die Fortsetzung der Gesellschaft beschließen.

Im Gesellschaftsvertrage können weitere Auflösungsgründe festgesetzt werden.

[1]) § 63. [2]) KO. § 190. [3]) KO. §§ 202 ff.

§ 63. Über das Vermögen der Gesellschaft findet das Konkursverfahren außer dem Falle der Zahlungsunfähigkeit[1]) auch in dem Falle der Überschuldung statt.

Die auf das Konkursverfahren über das Vermögen

einer Aktiengesellschaft bezüglichen Vorschriften im § 207 Absatz 2, § 208 der Konkursordnung finden auf die Gesellschaft mit beschränkter Haftung entsprechende Anwendung.

[1]) KO. § 102.

§ 64. Die Geschäftsführer haben die Eröffnung des Konkursverfahrens zu beantragen,[1]) sobald die Zahlungsunfähigkeit der Gesellschaft eintritt oder aus der Jahresbilanz oder aus einer im Laufe des Geschäftsjahres aufgestellten Bilanz Überschuldung sich ergibt.

Die Geschäftsführer sind der Gesellschaft zum Ersatze aller nach diesem Zeitpunkt geleisteten Zahlungen verpflichtet. Auf den Ersatzanspruch finden die Bestimmungen im § 43 Absatz 3 und 4 entsprechende Anwendung.

[1]) KO. § 103.

§ 65. Die Auflösung der Gesellschaft ist außer dem Falle des Konkursverfahrens zur Eintragung in das Handelsregister anzumelden. Das Gleiche gilt von einer Fortsetzung der Gesellschaft in den im § 60 Absatz 1 Nr. 4 bezeichneten Fällen.

Die Auflösung ist von den Liquidatoren zu drei verschiedenen Malen durch die im § 30 Absatz 2 bezeichneten öffentlichen Blätter bekannt zu machen. Durch die Bekanntmachung sind zugleich die Gläubiger der Gesellschaft aufzufordern, sich bei derselben zu melden.

§ 66. In den Fällen der Auflösung außer dem Falle des Konkursverfahrens erfolgt die Liquidation durch die Geschäftsführer, wenn nicht dieselbe durch den Gesellschaftsvertrag oder durch Beschluß der Gesellschafter anderen Personen übertragen wird.

Auf Antrag von Gesellschaftern, deren Geschäftsanteile zusammen mindestens dem zehnten Teile des Stammkapitals entsprechen, kann aus wichtigen Gründen die Bestellung von Liquidatoren durch das Gericht (§ 7 Absatz 1) erfolgen.

Die Abberufung von Liquidatoren kann durch das Gericht unter derselben Voraussetzung wie die Bestellung stattfinden. Liquidatoren, welche nicht vom Gericht ernannt sind, können auch durch Beschluß der Gesellschafter vor Ablauf des Zeitraums, für welchen sie bestellt sind, abberufen werden.

§ 71. Die Liquidatoren haben die aus §§ 36, 37, § 41 Absatz 1, § 43 Absatz 1, 2 und 4, § 49 Absatz 1 und 2, § 64 sich ergebenden Rechte und Pflichten der Geschäftsführer.

Sie haben sofort bei Beginn der Liquidation und demnächst in jedem Jahre eine Bilanz aufzustellen.

Sechster Abschnitt.

Schlußbestimmungen.

§ 83. Die Strafvorschriften der §§ 239 bis 241 der Konkursordnung finden gegen die Geschäftsführer einer Gesellschaft mit beschränkter Haftung, welche ihre Zahlungen eingestellt[1]) hat oder über deren Vermögen das Konkursverfahren eröffnet[2]) worden ist, Anwendung, wenn sie in dieser Eigenschaft die mit Strafe bedrohten Handlungen begangen haben[3])

[1]) § 63, KO. § 102 Abs. 2. [2]) § 63.
[3]) Vgl. KO. § 244 (Liquidatoren).

§ 84. Die Geschäftsführer oder Liquidatoren einer Gesellschaft mit beschränkter Haftung werden mit Gefängnis bis zu drei Monaten und zugleich mit Geldstrafe bis zu eintausend Mark bestraft, wenn entgegen den Vorschriften im § 64, § 71 Absatz 1 der Antrag auf Eröffnung des Konkursverfahrens unterlassen ist.

Sind mildernde Umstände vorhanden, so tritt ausschließlich die Geldstrafe ein.

Straflos bleibt derjenige, bezüglich dessen festgestellt wird, daß der Antrag auf Eröffnung des Konkursverfahrens ohne sein Verschulden unterblieben ist.[1])

[1]) Vgl. auch DepotG. § 12 Abs. 2.

VIII. Gesetz,

betr. die Erwerbs- und Wirtschafts-Genossenschaften,

vom 1. Mai 1889

in der Fassung der Bekanntmachung vom 20. Mai 1898.

Fünfter Abschnitt.

Ausscheiden einzelner Genossen.

§ 76. Ein Genosse kann zu jeder Zeit, auch im Laufe des Geschäftsjahres, sein Geschäftsguthaben mittelst schriftlicher Übereinkunft einem anderen übertragen und hierdurch aus der Genossenschaft ohne Auseinandersetzung mit ihr austreten, sofern der Erwerber an seiner Stelle Genosse wird oder sofern derselbe schon Genosse ist und dessen bisheriges Guthaben mit dem ihm zuzuschreibenden Betrage den Geschäftsanteil nicht übersteigt. Das Statut kann eine solche Übertragung ausschließen oder an weitere Voraussetzungen knüpfen.

Der Vorstand hat die Übereinkunft dem Gerichte (§ 10) ohne Verzug einzureichen und, falls der Erwerber schon Genosse ist, zugleich die schriftliche Versicherung abzugeben, daß dessen bisheriges Guthaben mit dem zuzuschreibenden Betrage den Geschäftsanteil nicht übersteigt.

Die Übertragung ist in die Liste bei dem veräußernden Genossen unverzüglich einzutragen. Als Zeitpunkt des Ausscheidens gilt der Tag der Eintragung. Dieselbe darf, falls der Erwerber noch nicht Genosse ist, nur zugleich mit der Eintragung des letzteren erfolgen. Die Vorschriften der §§ 15, 71 und 72 finden entsprechende Anwendung.

Wird die Genossenschaft binnen sechs Monaten nach dem Ausscheiden des Genossen aufgelöst, so hat dieser im Falle der Eröffnung des Konkursverfahrens die Nachschüsse, zu deren Zahlung er verpflichtet gewesen sein würde, insoweit zu leisten, als zu derselben der Erwerber unvermögend ist.

Siebenter Abschnitt.

Konkursverfahren und Haftpflicht der Genossen.

§ 98. Das Konkursverfahren findet im Falle der Zahlungsunfähigkeit,[1]) nach Auflösung der Genossenschaft auch im Falle der Überschuldung statt.

Nach Auflösung der Genossenschaft ist die Eröffnung des Verfahrens so lange zulässig, als die Verteilung des Vermögens nicht vollzogen ist.[2])

[1]) Vgl. KO. § 102. [2]) Vgl. § 140.

§ 99. Sobald die Zahlungsunfähigkeit der Genossenschaft eintritt, hat der Vorstand die Eröffnung des Konkursverfahrens zu beantragen;[1]) dasselbe gilt, wenn bei oder nach Auflösung der Genossenschaft aus der Jahresbilanz oder aus einer im Laufe des Jahres aufgestellten Bilanz Überschuldung sich ergibt.

Die Mitglieder des Vorstandes sind der Genossenschaft zum Ersatz einer nach diesem Zeitpunkte geleisteten Zahlung nach Maßgabe des § 34 verpflichtet.

Die Ansprüche auf Grund der vorstehenden Bestimmungen verjähren in fünf Jahren.

[1]) KO. §§ 103 ff.

§ 100. Zu dem Antrage[1]) auf Eröffnung des Verfahrens ist außer den Konkursgläubigern jedes Mitglied des Vorstandes berechtigt.

Wird der Antrag nicht von allen Mitgliedern gestellt, so ist derselbe zuzulassen, wenn die ihn begründenden Tatsachen (§ 98) glaubhaft gemacht werden. Das Gericht hat die übrigen Mitglieder nach Maßgabe der Konkursordnung § 105 Absatz 2, 3 zu hören.

Der Eröffnungsantrag kann nicht aus dem Grunde

abgewiesen werden, daß eine den Kosten des Verfahrens entsprechende Konkursmasse nicht vorhanden sei.

[1]) KO. §§ 103 ff.

§ 101. Durch die Eröffnung des Konkursverfahrens[1]) wird die Genossenschaft aufgelöst.

[1]) KO. § 108.

§ 102. Die Eröffnung des Konkursverfahrens ist unverzüglich in das Genossenschaftsregister einzutragen. Die Eintragung wird nicht bekannt gemacht.[1])

[1]) Vgl. KO. §§ 111, 112.

§ 103. Bei der Eröffnung des Verfahrens ist von dem Gerichte ein Gläubigerausschuß[1]) zu bestellen. Die Gläubigerversammlung hat über die Beibehaltung der bestellten oder die Wahl anderer Mitglieder zu beschließen. Im übrigen kommen die Vorschriften im § 87 der Konkursordnung zur Anwendung.

[1]) KO. §§ 87 ff.

§ 104. Die Generalversammlung ist ohne Verzug zur Beschlußfassung darüber zu berufen (§§ 44 bis 46), ob die bisherigen Mitglieder des Vorstandes und des Aufsichtsrats beizubehalten oder andere zu bestellen sind.

§ 105. Soweit die Konkursgläubiger wegen ihrer bei der Schlußverteilung (Konkursordnung § 161) berücksichtigten Forderungen aus dem zur Zeit der Eröffnung des Konkursverfahrens[1]) vorhandenen Vermögen der Genossenschaft nicht befriedigt werden, sind die Genossen verpflichtet, Nachschüsse zur Konkursmasse zu leisten.

Die Nachschüsse sind von den Genossen, wenn nicht das Statut ein anderes Beitragsverhältnis festsetzt, nach Köpfen zu leisten.

Beiträge, zu deren Leistung einzelne Genossen unvermögend sind, werden auf die übrigen verteilt.

Zahlungen, welche Genossen über die von ihnen nach den vorstehenden Bestimmungen geschuldeten Beiträge hinaus leisten, sind ihnen, nachdem die Befriedigung der Gläubiger erfolgt ist, aus den Nachschüssen zu erstatten.

Gegen die Nachschüsse kann der Genosse eine Forderung an die Genossenschaft aufrechnen, sofern die Voraussetzungen vorliegen, unter welchen er als Konkursgläubiger Befriedigung wegen der Forderung aus den Nachschüssen zu beanspruchen hat.

[1]) KO. § 108.

§ 106. Der Konkursverwalter hat sofort, nachdem die Bilanz auf der Gerichtsschreiberei niedergelegt ist (Konkursordnung § 124), zu berechnen, wieviel zur Deckung des in der Bilanz bezeichneten Fehlbetrages die Genossen vorschußweise beizutragen haben.

In der Berechnung (Vorschußberechnung) sind die sämtlichen Genossen namentlich zu bezeichnen und auf sie die Beiträge zu verteilen. Die Höhe der Beiträge ist jedoch derart zu bemessen, daß durch ein vorauszusehendes Unvermögen einzelner Genossen zur Leistung von Beiträgen ein Ausfall an dem zu deckenden Gesamtbetrage nicht entsteht.

Die Berechnung ist dem Konkursgerichte[1]) mit dem Antrage einzureichen, dieselbe für vollstreckbar zu erklären. Wird das Genossenschaftsregister nicht bei dem Konkursgerichte geführt, so ist dem Antrage eine beglaubigte Abschrift des Statuts und der Liste der Genossen beizufügen.

[1]) KO. § 71.

§ 107. Zur Erklärung über die Berechnung bestimmt das Gericht einen Termin, welcher nicht über zwei Wochen hinaus anberaumt werden darf. Derselbe ist öffentlich bekannt zu machen; die in der Berechnung aufgeführten Genossen sind besonders zu laden.

Die Berechnung ist spätestens drei Tage vor dem Termine auf der Gerichtsschreiberei zur Einsicht der Beteiligten niederzulegen. Hierauf ist in der Bekanntmachung und den Ladungen hinzuweisen.

§ 108. In dem Termine sind Vorstand und Aufsichtsrat der Genossenschaft, sowie der Konkursverwalter und der Gläubigerausschuß[1]) und, soweit Einwendungen erhoben werden, die sonst Beteiligten zu hören.

Das Gericht entscheidet über die erhobenen Einwendungen, berichtigt, soweit erforderlich, die Berechnung oder ordnet die Berichtigung an und erklärt die Berechnung für vollstreckbar. Die Entscheidung ist in dem Termine oder in einem sofort anzuberaumenden Termine, welcher nicht über eine Woche hinaus angesetzt werden soll, zu verkünden. Die Berechnung mit der sie für vollstreckbar erklärenden Entscheidung ist zur Einsicht der Beteiligten auf der Gerichtsschreiberei niederzulegen.

Gegen die Entscheidung findet ein Rechtsmittel nicht statt.[2])

[1]) § 103. [2]) Vgl. §§ 111 ff.

§ 109. Nachdem die Berechnung für vollstreckbar erklärt ist, hat der Konkursverwalter ohne Verzug die Beiträge von den Genossen einzuziehen.

Die Zwangsvollstreckung gegen einen Genossen findet in Gemäßheit der Zivilprozeßordnung auf Grund einer vollstreckbaren Ausfertigung der Entscheidung und eines Auszuges aus der Berechnung statt.

Für die in den Fällen der §§ 731, 767, 768 der Zivilprozeßordnung zu erhebenden Klagen ist das Amtsgericht, bei welchem das Konkursverfahren anhängig ist,[1]) und, wenn der Streitgegenstand zur Zuständigkeit der Amtsgerichte nicht gehört, das Landgericht ausschließlich zuständig, zu dessen Bezirke der Bezirk des Konkursgerichts gehört.

[1]) KO. § 71.

§ 110. Die eingezogenen Beträge sind bei der von der Gläubigerversammlung bestimmten Stelle (Konkursordnung § 132) zu hinterlegen oder anzulegen.

§ 111. Jeder Genosse ist befugt, die für vollstreckbar erklärte Berechnung im Wege der Klage anzufechten. Die Klage ist gegen den Konkursverwalter zu richten. Sie findet nur binnen der Notfrist eines Monats seit Verkündung der Entscheidung und nur insoweit statt, als der Kläger den Anfechtungsgrund in dem Termine (§ 107) geltend gemacht hat oder ohne sein Verschulden geltend zu machen außerstande war.

Das rechtskräftige Urteil wirkt für und gegen alle beitragspflichtigen Genossen.

§ 112. Die Klage ist ausschließlich bei dem Amtsgerichte zu erheben, welches die Berechnung für vollstreckbar erklärt hat.[1]) Die mündliche Verhandlung erfolgt nicht vor Ablauf der bezeichneten Notfrist. Mehrere Anfechtungsprozesse sind zur gleichzeitigen Verhandlung und Entscheidung zu verbinden.

Übersteigt der Streitgegenstand eines Prozesses die sonst für die sachliche Zuständigkeit der Amtsgerichte geltende Summe, so hat das Gericht, sofern eine Partei in einem solchen Prozesse vor der Verhandlung zur Hauptsache darauf anträgt, durch Beschluß die sämtlichen Streitsachen an das Landgericht, in dessen Bezirke es seinen Sitz hat, zu verweisen. Gegen diesen Beschluß findet die sofortige Beschwerde statt. Die Notfrist beginnt mit der Verkündung des Beschlusses.

Ist der Beschluß rechtskräftig, so gelten die Streitsachen als bei dem Landgerichte anhängig. Die im Verfahren vor dem Amtsgerichte erwachsenen Kosten werden als Teil der bei dem Landgerichte erwachsenen Kosten behandelt und gelten als Kosten einer Instanz.

Die Vorschriften der Zivilprozeßordnung §§ 769, 770 über die Einstellung der Zwangsvollstreckung und die Aufhebung der Vollstreckungsmaßregeln finden entsprechende Anwendung.

[1]) §§ 106, 108.

§ 113. Soweit infolge des Unvermögens einzelner Genossen zur Leistung von Beiträgen der zu deckende Gesamtbetrag nicht erreicht wird, oder in Gemäßheit des auf eine Anfechtungsklage ergehenden Urteils oder aus anderen Gründen die Berechnung abzuändern ist, hat der Konkursverwalter eine Zusatzberechnung aufzustellen. Rücksichtlich derselben kommen die Vorschriften in §§ 106 bis 112 zur Anwendung.

Die Aufstellung einer Zusatzberechnung ist erforderlichenfalls zu wiederholen.

§ 114. Sobald mit dem Vollzuge der Schlußverteilung (Konkursordnung § 161) begonnen wird, hat der

Konkursverwalter in Ergänzung oder Berichtigung der Vorschußberechnung und der zu derselben etwa ergangenen Zusätze zu berechnen, wieviel die Genossen in Gemäßheit des § 105 an Nachschüssen zu leisten haben.

Die Berechnung (Nachschußberechnung) unterliegt den Vorschriften in §§ 106 bis 109, 111 bis 113, der Vorschrift in § 106 Absatz 2 mit der Maßgabe, daß auf Genossen, deren Unvermögen zur Leistung von Beiträgen sich herausgestellt hat, Beiträge nicht verteilt werden.

§ 115. Der Verwalter hat, nachdem die Nachschußberechnung für vollstreckbar erklärt ist, unverzüglich den gemäß § 110 vorhandenen Bestand und, so oft von den noch einzuziehenden Beiträgen hinreichender Bestand eingegangen ist, diesen im Wege der Nachtragsverteilung (Konkursordnung § 166) unter die Gläubiger zu verteilen.

Außer den Anteilen auf die im § 168 der Konkursordnung bezeichneten Forderungen sind zurückzubehalten die Anteile auf Forderungen, welche im Prüfungstermine von dem Vorstande ausdrücklich bestritten worden sind. Dem Gläubiger bleibt überlassen, den Widerspruch des Vorstandes durch Klage zu beseitigen. Soweit der Widerspruch rechtskräftig für begründet erklärt wird, werden die Anteile zur Verteilung unter die übrigen Gläubiger frei.

Die zur Befriedigung der Gläubiger nicht erforderlichen Überschüsse hat der Konkursverwalter an die Genossen zurückzuzahlen.

§ 116. Eine Aufhebung des Konkursverfahrens durch Zwangsvergleich[1]) findet nicht statt.

Eine Einstellung[2]) des Verfahrens ist erst zulässig, nachdem mit dem Vollzuge der Schlußverteilung begonnen ist. Die Zustimmung aller bei der letzteren berücksichtigten Konkursgläubiger ist beizubringen. Inwieweit es der Zustimmung oder der Sicherstellung von Gläubigern bedarf, deren Forderungen nicht festgestellt sind, entscheidet das Konkursgericht nach freiem Ermessen.

[1]) KO. §§ 173 ff. [2]) KO. §§ 202 ff.

§ 117. Der Vorstand ist verpflichtet, den Konkursverwalter bei den diesem in § 106 Absatz 1, § 109 Absatz 1, §§ 113, 114 zugewiesenen Obliegenheiten zu unterstützen.

§ 118. Die in diesem Abschnitte hinsichtlich des Vorstandes getroffenen Bestimmungen gelten auch hinsichtlich der Liquidatoren.

Achter Abschnitt.

Besondere Bestimmungen.

1. Für Genossenschaften mit unbeschränkter Haftpflicht.

§ 121. Sobald sich bei der Geschäftsführung ergibt, daß das Vermögen der Genossenschaft einschließlich des Reservefonds und der Geschäftsguthaben zur Deckung der Schulden nicht ausreicht, hat der Vorstand die Generalversammlung zur Beschlußfassung, ob die Genossenschaft aufgelöst werden soll, zu berufen.

Für den Fall, daß die Auflösung beschlossen wird, ist zugleich die im § 104 vorgesehene Beschlußfassung herbeizuführen.

§ 122. Im Falle des Konkursverfahrens sind neben der Genossenschaft die einzelnen Genossen solidarisch und mit ihrem ganzen Vermögen den Konkursgläubigern für den Ausfall verhaftet, welchen diese an ihren bei der Schlußverteilung (Konkursordnung § 161) berücksichtigten Forderungen bei derselben erleiden.

Nach Ablauf von drei Monaten seit dem Termine, in welchem die Nachschußberechnung für vollstreckbar erklärt ist,[1]) können die Gläubiger, soweit sie bisher nicht befriedigt sind, die einzelnen Genossen in Anspruch nehmen.

Festgestellte[2]) Forderungen, welche im Prüfungstermine von dem Vorstande oder den Liquidatoren nicht ausdrücklich bestritten[3]) sind, können auch von den in Anspruch genommenen Genossen nicht bestritten werden.

Das rechtskräftige Urteil, welches in dem Prozeß über eine im Prüfungstermine von dem Vorstande oder den Liquidatoren bestrittene Forderung für oder gegen dieselben ergeht, wirkt gegenüber allen Genossen.

In Ansehung einer im Konkursverfahren streitig gebliebenen Forderung kann, solange dieselbe nicht festgestellt ist, eine Verurteilung der Genossen nicht erfolgen.

[1]) §§ 114, 108. [2]) KO. § 144 Abs. 1. [3]) § 115 Abs. 2.

§ 123. Die Klage der Gläubiger gegen die einzelnen Genossen verjährt, sofern nicht nach Beschaffenheit der Forderung eine kürzere Verjährungsfrist gesetzlich eintritt, in zwei Jahren seit Ablauf der im § 122 Absatz 2 bestimmten Frist.

Die Verjährung zugunsten eines Genossen wird durch Rechtshandlungen unterbrochen, welche gegen die Genossenschaft oder von derselben vorgenommen werden; sie wird nicht unterbrochen durch Rechtshandlungen, welche gegen einen anderen Genossen oder von demselben vorgenommen werden.

§ 124. Soweit Genossen in Gemäßheit des § 122 Konkursgläubiger befriedigen, treten sie in die Rechte der letzteren gegen die Genossenschaft ein.

§ 125. Die Bestimmungen der §§ 122 bis 124 finden auf die in den letzten zwei Jahren vor der Eröffnung des Konkursverfahrens[1]) aus der Genossenschaft ausgeschiedenen Genossen (§§ 70, 76), welche nicht schon in Gemäßheit des § 75 der Haftpflicht unterliegen, wegen der bis zu dem Zeitpunkte ihres Ausscheidens von der Genossenschaft eingegangenen Verbindlichkeiten mit der Maßgabe Anwendung, daß der Anspruch der Gläubiger erst nach Ablauf von sechs Monaten seit dem Termine, in welchem die Nachschußberechnung (§ 114) für vollstreckbar erklärt ist, erhoben werden kann.

Dieser Anspruch erstreckt sich, wenn im Falle des Todes eines Genossen dessen Ausscheiden nach dem im § 77 Absatz 1 bezeichneten Zeitpunkte eingetragen ist, auf die bis zum Tage der Eintragung von der Genossenschaft eingegangenen Verbindlichkeiten, sofern nicht der Erbe beweist, daß bei ihrer Eingehung dem Gläubiger der Tod des Genossen bekannt war.

[1]) RO. § 108.

II. Für Genossenschaften mit unbeschränkter Nachschußpflicht.

§ 126. Die Bestimmungen des § 119 über die Beschränkung der Beteiligung auf einen Geschäftsanteil und des § 121 über die Berufung der Generalversammlung im Falle der Überschuldung finden auf die Genossenschaften mit unbeschränkter Nachschußpflicht Anwendung.

§ 127. Die Beitrittserklärungen (§ 15) müssen die ausdrückliche Bemerkung enthalten, daß die einzelnen Genossen mit ihrem ganzen Vermögen verpflichtet sind, der Genossenschaft die zur Befriedigung der Gläubiger derselben erforderlichen Nachschüsse nach Maßgabe des Gesetzes zu leisten.

§ 128. Ist im Falle der Eröffnung des Konkursverfahrens nach Ablauf von drei Monaten seit dem Termine, in welchem die Nachschußberechnung (§ 114) für vollstreckbar erklärt ist, die Befriedigung oder Sicherstellung der im § 105 Absatz 1 bezeichneten Konkursgläubiger noch nicht bewirkt, so sind die hierzu erforderlichen Beiträge von den innerhalb der letzten achtzehn Monate vor der Eröffnung des Konkursverfahrens[1]) ausgeschiedenen Genossen, welche nicht schon in Gemäßheit des § 75 oder des § 76 Absatz 4 der Nachschußpflicht unterliegen, nach Maßgabe des § 105 zur Konkursmasse zu leisten.

[1]) RO. § 108.

§ 129. Der Konkursverwalter hat ohne Verzug eine Berechnung über die Beitragspflicht der Ausgeschiedenen aufzustellen.

In der Berechnung sind dieselben namentlich zu bezeichnen und auf sie die Beiträge zu verteilen, soweit nicht das Unvermögen Einzelner zur Leistung von Beiträgen vorauszusehen ist.

Im übrigen finden die Vorschriften in § 106 Absatz 3, §§ 107 bis 109, 111 bis 113 und 115 entsprechende Anwendung.

§ 130. Durch die Bestimmungen der §§ 128, 129 wird die Einziehung der Nachschüsse von den in der Genossenschaft verbliebenen Genossen nicht berührt.

Aus den Nachschüssen der letzteren sind den Ausgeschiedenen die von diesen geleisteten Beiträge zu erstatten, sobald die Befriedigung oder Sicherstellung der sämtlichen im § 105 Absatz 1 bezeichneten Konkursgläubiger bewirkt ist.

III. Für Genossenschaften mit beschränkter Haftpflicht.

§ 140. Das Konkursverfahren findet bei bestehender Genossenschaft außer dem Falle der Zahlungsunfähigkeit in dem Falle der Überschuldung statt, sofern diese ein Viertel des Betrages der Haftsummen aller Genossen übersteigt.[1]) Der Vorstand hat, wenn eine solche Überschuldung sich aus der Jahresbilanz oder aus einer im Laufe des Jahres aufgestellten Bilanz ergibt, die Eröffnung des Konkursverfahrens zu beantragen. Die Vorschriften des § 99 Absatz 2, 3, § 100 finden entsprechende Anwendung.

[1]) Vgl. § 98.

§ 141. Die einzelnen Genossen können über ihre Haftsumme hinaus weder auf Leistung von Nachschüssen, noch von den Konkursgläubigern in Anspruch genommen werden. Im übrigen finden auf den Anspruch der Gläubiger die Bestimmungen in §§ 122 bis 125 Anwendung.

§ 142. Außer dem Falle des § 90 kann in dem Falle, daß entgegen den Vorschriften in §§ 19, 22 der Gewinn oder das Geschäftsguthaben ausgezahlt wird, der Ersatzanspruch gegen die Mitglieder des Vorstandes oder des Aufsichtsrats oder gegen die Liquidatoren von den Gläubigern der Genossenschaft, soweit sie von dieser ihre Befriedigung nicht erlangen können, selbständig geltend gemacht werden. Dasselbe findet gegen die Mitglieder des Vorstandes oder die Liquidatoren statt, wenn nach dem Zeitpunkte, mit welchem die Verpflichtung zum Antrage auf Eröffnung des Konkursverfahrens eingetreten ist, eine Zahlung geleistet wird, rücksichtlich des Ersatzes derselben.

Die Ersatzpflicht wird den Gläubigern gegenüber dadurch nicht aufgehoben, daß die Handlung auf einem Beschlusse der Generalversammlung beruht.[1])

[1]) Vgl. auch VAG. §§ 102, 109 (Versicherungsgenossenschaften).

Neunter Abschnitt.

Strafbestimmungen.

§ 148. Mit Geldstrafe bis zu sechshundert Mark oder mit Gefängnis bis zu drei Monaten oder mit beiden Strafen zugleich werden bestraft:

1. die Mitglieder des Vorstandes und des Aufsichtsrats und die Liquidatoren, wenn länger als drei Monate die Genossenschaft ohne Aufsichtsrat geblieben ist, oder in dem letzteren die zur Beschlußfähigkeit erforderliche Zahl von Mitgliedern gefehlt hat;
2. die Mitglieder des Vorstandes oder die Liquidatoren, wenn entgegen den Vorschriften in §§ 99, 118, 140 der Antrag auf Eröffnung des Konkursverfahrens unterlassen ist.

Die Strafe tritt nicht gegen denjenigen ein, welcher nachweist, daß die Unterlassung ohne sein Verschulden geschehen ist.[1])

[1]) Vgl. KO. § 244, DepotG. § 12 Abs. 2.

IX. Gewerbeordnung
für das Deutsche Reich.

Titel VI.
Innungen, Innungsausschüsse, Handwerkskammern, Innungsverbände.

I. Innungen.

a) Allgemeine Vorschriften.

§ 85. Soll in der Innung eine Einrichtung der in § 81b Ziffer 3, 4 und 5 vorgesehenen Art[1]) getroffen werden, so sind die dafür erforderlichen Bestimmungen in Nebenstatuten zusammenzufassen. Dieselben bedürfen der Genehmigung der höheren Verwaltungsbehörde. Vor der Genehmigung ist die Gemeindebehörde des Ortes, an welchem die Innung ihren Sitz hat, sowie die Aufsichtsbehörde zu hören. Die Genehmigung kann nach Ermessen unter Angabe der Gründe versagt werden. Gegen die Verfügung der höheren Verwaltungsbehörde steht den Beteiligten binnen vier Wochen die Beschwerde an die Landes-Zentralbehörde zu. Abänderungen der Nebenstatuten unterliegen den gleichen Vorschriften.

Über die Einnahmen und Ausgaben der im § 81b Ziffer 3 und 5 bezeichneten Einrichtungen ist getrennt Rechnung zu führen und das hierfür bestimmte Vermögen gesondert von dem übrigen Innungsvermögen zu verwalten. Verwendungen für andere Zwecke dürfen aus demselben nicht gemacht werden. Die Gläubiger haben das Recht auf gesonderte Befriedigung aus dem getrennt verwalteten Vermögen.

[1]) Unterstützungskassen, Schiedsgerichte, gemeinschaftliche Geschäftsbetriebe.

§ 97. Die Schließung einer Innung kann erfolgen:

1. wenn sich ergibt, daß nach § 84 die Genehmigung hätte versagt werden müssen und die erforderliche Änderung des Statuts innerhalb einer zu setzenden Frist nicht bewirkt wird;
2. wenn die Innung wiederholter Aufforderung der Aufsichtsbehörde ungeachtet die Erfüllung der ihr durch § 81a gesetzten Aufgaben vernachlässigt;
3. wenn die Innung sich gesetzwidriger Handlungen oder Unterlassungen schuldig macht, durch welche das Gemeinwohl gefährdet wird, oder wenn sie andere als die gesetzlich zulässigen Zwecke verfolgt;
4. wenn die Zahl ihrer Mitglieder soweit zurückgeht, daß die Erfüllung ihrer gesetzlichen Aufgaben dauernd gefährdet erscheint.

Die Schließung wird durch die höhere Verwaltungsbehörde ausgesprochen.

Gegen die die Schließung aussprechende Verfügung findet der Rekurs statt; wegen des Verfahrens und der Behörden gelten die Vorschriften der §§ 20 und 21, soweit nicht landesgesetzlich das Verfahren in streitigen Verwaltungssachen Platz greift.

Die Eröffnung des Konkursverfahrens über das Vermögen einer Innung hat die Schließung kraft Gesetzes zur Folge.

b) Zwangsinnungen.

§ 100 c. Auf Innungen, für welche die im § 100[1]) bezeichnete Anordnung getroffen ist, finden die Vorschriften der §§ 81 a bis 99 mit den aus den §§ 100 d bis 100 u sich ergebenden Änderungen Anwendung.

II. Innungsausschüsse.

§ 102. Die Schließung eines Innungsausschusses kann erfolgen, wenn der Ausschuß seinen statutarischen Verpflichtungen nicht nachkommt oder wenn er Beschlüsse faßt, welche über seine statutarischen Rechte hinausgehen.

---

[1]) „Zwangsinnung".

Die Schließung wird durch die höhere Verwaltungsbehörde ausgesprochen.

Gegen die die Schließung aussprechende Verfügung findet der Rekurs statt. Wegen des Verfahrens und der Behörden gelten die entsprechenden Bestimmungen des § 97 Abs. 3.

Die Eröffnung des Konkursverfahrens über das Vermögen eines Innungsausschusses hat die Schließung kraft Gesetzes zur Folge.

Vom Zeitpunkte der Auflösung oder Schließung eines Innungsausschusses ab bleiben die beteiligten Innungen noch für diejenigen Zahlungen verhaftet, zu welchen sie statutarisch für den Fall eigenen Ausscheidens aus dem Innungsausschusse verpflichtet sind.

Auf die Verwendung des Vermögens finden die Vorschriften des § 98 Abs. 1 und des § 98a entsprechende Anwendung.

Soweit das Statut nicht ein anderes bestimmt, ist der Austritt aus dem Innungsausschusse jeder Innung mit Ablauf des Rechnungsjahrs gestattet, sofern die Anzeige des Austritts mindestens drei Monate vorher erfolgt.

IV. Innungsverbände.

§ 104 l. Die Eröffnung des Konkursverfahrens über das Vermögen des Innungsverbandes hat die Schließung des letzteren kraft Gesetzes zur Folge. Der Vorstand des Innungsverbandes hat jedoch die während des Konkursverfahrens dem Gemeinschuldner zustehenden Rechte wahrzunehmen.

X. Gesetz,

betr. die gemeinsamen Rechte der Besitzer von Schuldverschreibungen,

vom 4. Dezember 1899.

§ 1. Sind von jemand, der im Inlande seinen Wohnsitz oder seine gewerbliche Niederlassung hat, im Inlande Schuldverschreibungen mit im voraus bestimmten Nennwerten ausgestellt, die nach dem Verhältnisse dieser Werte den Gläubigern gleiche Rechte gewähren, und betragen die Nennwerte der ausgegebenen Schuldverschreibungen zusammen mindestens dreihunderttausend Mark und die Zahl der ausgegebenen Stücke mindestens dreihundert, so haben die Beschlüsse, welche von einer Versammlung der Gläubiger aus diesen Schuldverschreibungen zur Wahrung ihrer gemeinsamen Interessen gefaßt werden, nach Maßgabe dieses Gesetzes verbindliche Kraft für alle Gläubiger der bezeichneten Art.

Die Versammlung kann insbesondere zur Wahrnehmung der Rechte der Gläubiger einen gemeinsamen Vertreter für diese bestellen.

Eine Verpflichtung zu Leistungen kann für die Gläubiger durch Beschluß der Gläubigerversammlung nicht begründet werden.

§ 3. Die Versammlung wird durch den Schuldner berufen.

Die Versammlung ist zu berufen, wenn Gläubiger, deren Schuldverschreibungen zusammen den zwanzigsten Teil des Gesamtbetrags der im Umlaufe befindlichen Schuldverschreibungen erreichen, oder ein von der Gläubigerversammlung bestellter Vertreter[1]) der Gläubiger die Berufung schriftlich unter Angabe des Zweckes und der Gründe verlangen.

Die Kosten der Berufung und Abhaltung der Versammlung trägt, soweit nicht in diesem Gesetz ein anderes vorgeschrieben ist, der Schuldner.

[1]) § 1 Abs. 2.

§ 18. Ist über das Vermögen des Schuldners der Konkurs eröffnet,[1]) so gelten in Ansehung der Versammlung der im § 1 bezeichneten Gläubiger die folgenden besonderen Vorschriften.

Die Versammlung wird von dem Konkursgerichte[2]) berufen und geleitet.

Unverzüglich nach der Eröffnung des Konkurses ist eine Versammlung der Gläubiger zu berufen, um über die Bestellung eines gemeinsamen Vertreters im Konkursverfahren zu beschließen; die Berufung kann unterbleiben, wenn schon vorher von einer Versammlung über die Bestellung eines solchen Vertreters Beschluß gefaßt worden ist.

Das Konkursgericht hat außer den Fällen des § 3 Abs. 2 eine Versammlung der Gläubiger zu berufen, wenn dies von dem Konkursverwalter, dem Ausschusse[3]) der Konkursgläubiger oder der Aufsichtsbehörde verlangt wird.

Die Stelle, bei welcher die Gläubiger die Schuldverschreibungen zu hinterlegen haben, wird durch das Konkursgericht bestimmt.

Die Vorschriften des § 5 Abs. 1, 2, des § 11 Abs. 1, des § 12 Abs. 3 und des § 13 finden keine Anwendung.

[1]) KO. § 108. [2]) KO. § 71. [3]) KO. § 87.

§ 19. Werden im Konkurse die Forderungen aus den Schuldverschreibungen durch den von der Gläubigerversammlung bestellten Vertreter der Gläubiger angemeldet,[1]) so bedarf es der Beifügung der Schuldverschreibungen nicht. Zur Erhebung der bei einer Verteilung[2]) auf die Schuldverschreibungen fallenden Beträge ist die Vorlegung der Schuldverschreibungen erforderlich; auf die Erhebung findet die Vorschrift des § 14 Abs. 2 keine Anwendung.

[1]) KO. § 139. [2]) KO. §§ 149 ff.

XI. Hypothekenbankgesetz

vom 13. Juli 1899.

§ 35. Ist über das Vermögen der Hypothekenbank der Konkurs eröffnet,[1]) so gehen in Ansehung der Befriedigung aus den in das Hypothekenregister eingetragenen Hypotheken und Wertpapieren die Forderungen der Pfandbriefgläubiger den Forderungen aller anderen Konkursgläubiger[2]) vor. Das Gleiche gilt von Geld, das dem Treuhänder zur Deckung der Hypothekenpfandbriefe in Verwahrung gegeben ist. Die Pfandbriefgläubiger haben untereinander gleichen Rang.

In betreff des Anspruchs der Pfandbriefgläubiger auf Befriedigung aus dem sonstigen Vermögen der Bank finden die für die Absonderungsberechtigten geltenden Vorschriften der §§ 64, 153, 155, 156 und des § 168 Nr. 3 der Konkursordnung (Reichs-Gesetzbl. 1898 S. 612) entsprechende Anwendung.

Gehören zur Konkursmasse[3]) eigene Hypothekenpfandbriefe der Bank, die von dieser dem Bestand an Wertpapieren zugeschrieben sind, so werden sie bei der Berechnung der auf die einzelnen Hypothekenpfandbriefe fallenden Anteile an dem Erlös aus den im Abs. 1 bezeichneten Gegenständen mitgezählt.

Während des Konkurses der Hypothekenbank sind die Kosten einer Versammlung der Pfandbriefgläubiger, die nach den Vorschriften des Gesetzes, betreffend die gemeinsamen Rechte der Besitzer von Schuldverschreibungen, berufen wird,[4]) aus dem zur vorzugsweisen Befriedigung der letzteren dienenden Teile der Konkursmasse zu berichtigen.

[1]) KO. §§ 207, 209. [2]) KO. §§ 61 ff.
[3]) KO. § 1. [4]) SchuldverschrG. § 18.

§ 40. Den Hypotheken stehen im Sinne dieses Gesetzes die Grundschulden gleich.

Hat die Bank ein Grundstück zur Verhütung von Verlusten an einer ihr an dem Grundstücke zustehenden Hypothek oder Grundschuld bei der Zwangsversteigerung erworben und an Stelle der gelöschten Hypothek oder Grundschuld für sich eine Grundschuld eintragen lassen, so findet auf diese die Vorschrift des § 6 Abs. 3 entsprechende Anwendung.

§ 41. Werden von einer Hypothekenbank auf Grund nicht hypothekarischer Darlehen, die an inländische Körperschaften des öffentlichen Rechtes oder gegen Übernahme der Gewährleistung durch eine solche Körperschaft gewährt sind, Schuldverschreibungen ausgegeben, so finden auf diese Schuldverschreibungen und die ihnen zugrunde liegenden Darlehensforderungen die Vorschriften des § 6 Abs. 1, 4 und der §§ 8, 9, 22, 23, 25, 26, 29 bis 38 entsprechende Anwendung.

Die Schuldverschreibungen, welche die Hypothekenbank gemäß Abs. 1 ausgibt, dürfen unter Hinzurechnung der im Umlaufe befindlichen Hypothekenpfandbriefe den für die letzteren im § 7 bestimmten Höchstbetrag nicht um mehr als den fünften Teil übersteigen.

§ 42. Werden von einer Hypothekenbank auf Grund von Darlehen, die an Kleinbahnunternehmungen gegen Verpfändung der Bahn gewährt sind, Schuldverschreibungen ausgegeben, so finden auf diese Schuldverschreibungen und die ihnen zugrunde liegenden Darlehensforderungen die im § 41 Abs. 1 angeführten Vorschriften entsprechende Anwendung. Die von der Hypothekenbank in der bezeichneten Weise ausgegebenen Schuldverschreibungen stehen im Sinne der Vorschriften des § 7 und des § 41 Abs. 2 den Hypothekenpfandbriefen gleich.

Die Satzung der Bank kann bestimmen, daß auf Grund der Forderungen aus den gemäß Abs. 1 gewährten Darlehen und auf Grund der Forderungen aus Darlehen, die an Kleinbahnunternehmungen gegen Übernahme der Gewährleistung durch eine inländische

Körperschaft des öffentlichen Rechtes gewährt sind, Schuldverschreibungen einer und derselben Art ausgegeben werden, denen beide Arten von Forderungen zur Deckung dienen. In dem Geschäftsbericht oder in der Bilanz ist der Gesamtbetrag der Forderungen der einen und der anderen Art ersichtlich zu machen.

Im übrigen sind die für die Gewährung von Darlehen an Kleinbahnunternehmungen maßgebenden Grundsätze von der Hypothekenbank festzustellen; die Grundsätze bedürfen der Genehmigung der Aufsichtsbehörde. Die Vorschriften des § 13 Abs. 2 finden entsprechende Anwendung.

§ 52. Hat eine Hypothekenbank auf Grund von Rentenforderungen, die vor dem 1. Januar 1899 als Reallasten in das Grundbuch eingetragen worden sind, besondere Schuldverschreibungen ausgegeben, so finden auf diese Schuldverschreibungen und auf die ihnen zugrunde liegenden Rentenforderungen die Vorschriften der §§ 6, 22, 29 bis 35, des § 37 Abs. 2, 3, des § 41 Abs. 1 und des § 51 entsprechende Anwendung.

XII. Gesetz
über die privaten Versicherungsunternehmungen
(Versicherungsaufsichtsgesetz).

Vom 12. Mai 1901.

III. Versicherungsvereine auf Gegenseitigkeit

§ 34. Auf den Vorstand finden die Vorschriften der §§ 231 bis 239, 241, 242 des Handelsgesetzbuchs mit der Maßgabe entsprechende Anwendung, daß das von Beschlüssen der Generalversammlung Gesagte von den Beschlüssen des obersten Organs gilt und daß an die Stelle des § 236 Abs. 1 und des § 241 Abs. 3 des Handelsgesetzbuchs folgende Vorschriften treten:

1. die Mitglieder des Vorstandes dürfen, sofern die Satzung nicht ein anderes bestimmt, ohne Einwilligung des Aufsichtsrats weder ein Handelsgewerbe betreiben noch dem Vorstand oder Aufsichtsrat einer gleichartigen Versicherungsunternehmung angehören;
2. die Mitglieder des Vorstandes sind insbesondere zum Schadensersatze verpflichtet, wenn entgegen den Vorschriften des Gesetzes eine Verzinsung oder Tilgung des Gründungsfonds oder eine Verteilung des Vereinsvermögens erfolgt oder wenn Zahlungen geleistet werden, nachdem die Zahlungsunfähigkeit des Vereins eingetreten ist oder seine Überschuldung sich ergeben hat.

§ 35. Auf den Aufsichtsrat finden die Vorschriften der §§ 243 bis 249 des Handelsgesetzbuchs mit der Maßgabe entsprechende Anwendung, daß die der Generalversammlung übertragenen Aufgaben von dem obersten Organe wahrgenommen werden, und daß an die Stelle des § 243 Abs. 4 Satz 2, des § 245 Abs. 1 und des § 249 Abs. 3 Satz 1 des Handelsgesetzbuchs folgende Vorschriften treten:

1. die Satzung hat zu bestimmen, ob für einen Beschluß des obersten Organs, durch den die Bestellung zum Mitgliede des Aufsichtsrats widerrufen wird, eine besondere Mehrheit erforderlich sein soll;
2. eine nach dem Jahresüberschusse bemessene Vergütung für die Mitglieder des Aufsichtsrats darf nur von dem Betrage gewährt werden, welcher verbleibt, nachdem sämtliche Abschreibungen und Rücklagen bewirkt worden sind und nachdem für diejenigen Personen, welche gegen Zusicherung einer Beteiligung am Überschusse den Gründungsfonds zur Verfügung gestellt haben, der nach § 22 Abs. 3 bedungene Anteil am Überschuß in Abzug gebracht worden ist;
3. die Mitglieder des Aufsichtsrats sind insbesondere zum Schadensersatze verpflichtet, wenn mit ihrem Wissen und ohne ihr Einschreiten die im § 34 Nr. 2 bezeichneten Handlungen vorgenommen werden.

§ 47. Auf die Liquidation finden die Vorschriften des des § 295 Abs. 1, Abs. 3 Satz 2, der §§ 296 bis 299 und des § 302 des Handelsgesetzbuchs entsprechende Anwendung. Auf Antrag des Aufsichtsrats oder einer in der Satzung zu bestimmenden Minderheit von Mitgliedern kann aus wichtigen Gründen die Ernennung von Liquidatoren durch das Gericht erfolgen, in dessen Bezirke der Verein seinen Sitz hat. Die Abberufung von Liquidatoren kann durch das Gericht unter denselben Voraussetzungen wie die Bestellung stattfinden. Die Vorschriften der §§ 145, 146 des Gesetzes über die Angelegenheiten der freiwilligen Gerichtsbarkeit finden entsprechende Anwendung.

Eine Tilgung des Gründungsfonds darf erst erfolgen, nachdem die Ansprüche sämtlicher übrigen Gläubiger, insbesondere die Ansprüche der Mitglieder aus dem Versicherungsverhältnisse, befriedigt oder sichergestellt worden sind. Zum Zwecke der Tilgung dürfen Nachschüsse oder Umlagen nicht erhoben werden.

§ 49. Durch die Eröffnung des Konkurses[1]) wird der Verein aufgelöst. Die Vorschriften des § 307 Abs. 2, 3 des Handelsgesetzbuchs finden entsprechende Anwendung.

[1]) § 15, KO. § 213.

§ 50. Soweit den Mitgliedern oder ausgeschiedenen Mitgliedern nach dem Gesetz oder der Satzung eine Beitragspflicht obliegt (§§ 24 bis 26), haften sie im Falle des Konkurses dem Vereine gegenüber für dessen Schulden.

Ausgeschiedene Mitglieder gelten, wenn ihr Ausscheiden innerhalb des letzten Jahres vor der Konkurseröffnung[1]) stattgefunden hat, in Ansehung der Haftung für die Schulden des Vereins noch als dessen Mitglieder.

[1]) § 49, KO. § 108.

§ 51. Die Ansprüche auf Tilgung des Gründungsfonds[1]) stehen allen übrigen Konkursforderungen nach. Unter den letzteren werden die Ansprüche aus dem Versicherungsverhältnisse, soweit sie den zur Zeit der Konkurseröffnung dem Verein angehörenden oder den innerhalb des letzten Jahres vor der Konkurseröffnung ausgeschiedenen Mitgliedern zustehen, im Range nach den Ansprüchen der sonstigen Konkursgläubiger befriedigt.

Zur Tilgung des Gründungsfonds dürfen Nachschüsse oder Umlagen nicht erhoben werden.

[1]) §§ 22, 23.

§ 52. Die Feststellung und Ausschreibung der im Falle des Konkurses erforderlichen Nachschüsse oder Umlagen erfolgt durch den Konkursverwalter. Dieser hat sofort, nachdem die Bilanz auf der Gerichtsschreiberei niedergelegt worden ist (Konkursordnung § 124), zu berechnen, wieviel die Mitglieder zur Deckung des in der Bilanz bezeichneten Fehlbetrags auf Grund ihrer Beitragspflicht vorschußweise beizutragen haben. Auf diese

Vorschußberechnung und die erforderlich werdenden Zusatzberechnungen finden die Vorschriften des § 106 Abs. 2, 3 und der §§ 107 bis 113 des Gesetzes, betreffend die Erwerbs- und Wirtschaftsgenossenschaften, entsprechende Anwendung.

Sobald mit dem Vollzuge der Schlußverteilung (Konkursordnung § 161) begonnen ist, hat der Konkursverwalter in Ergänzung oder Berichtigung der Vorschußberechnung und der etwa ergangenen Zusätze die von den Mitgliedern zu leistenden Beiträge zu berechnen. Auf diese Berechnung und das weitere Verfahren finden die Vorschriften des § 114 Abs. 2 und der §§ 115 bis 118 des Gesetzes, betreffend die Erwerbs- und Wirtschaftsgenossenschaften, entsprechende Anwendung.

§ 53. Auf Vereine, die bestimmungsgemäß einen sachlich, örtlich oder hinsichtlich des Personenkreises eng begrenzten Wirkungskreis haben, finden von den im Abschnitte III gegebenen Vorschriften nur der § 15, der § 17 Abs. 1, der § 18 Abs. 1, die §§ 19, 20, der § 21 Abs. 1, die §§ 22 bis 27, der § 28 Abs. 1, der § 37, der § 38 Abs. 1, 2, der § 39 Abs. 1 bis 3, die §§ 41 bis 44, der § 47 Abs. 2 und die §§ 50 bis 52 Anwendung. Die Übernahme von Versicherungen gegen feste Prämie ohne Erwerb der Mitgliedschaft durch den Versicherungsnehmer ist ausgeschlossen.

Soweit sich nach Abs. 1 nicht ein anderes ergibt, hat es für die daselbst bezeichneten Vereine bei den für Vereine gegebenen allgemeinen Vorschriften der §§ 24 bis 53 des Bürgerlichen Gesetzbuchs mit den Maßgaben sein Bewenden, daß

1. in den Fällen des § 29 und des § 37 Abs. 2 des Bürgerlichen Gesetzbuchs an die Stelle des Amtsgerichts die Aufsichtsbehörde tritt,
2. im Falle des § 45 Abs. 3 des Bürgerlichen Gesetzbuchs das Vermögen an die Mitglieder nach dem im § 48 Abs. 1 dieses Gesetzes bestimmten Maßstabe zu verteilen ist.

Soll nach der Satzung ein Aufsichtsrat bestellt werden, so finden die Vorschriften des § 36 Abs. 2, 3, der §§ 37 bis 40 und des § 41 Abs. 1, 2, 4 des Gesetzes, betreffend die Erwerbs- und Wirtschaftsgenossenschaften, entsprechende Anwendung.

Darüber, ob ein Verein im Sinne des Abs. 1 als kleinerer Verein anzusehen ist, entscheidet die Aufsichtsbehörde.

IV. Geschäftsführung der Versicherungsunternehmungen.

2. Besondere Vorschriften über die Prämienreserve bei der Lebensversicherung.

§ 61. Dem Prämienreservefonds dürfen, abgesehen von den zur Vornahme und Änderung der Kapitalanlagen erforderlichen Mitteln, nur diejenigen Beträge entnommen werden, welche durch Eintritt des Versicherungsfalls, durch Rückkauf oder andere Fälle der Beendigung von Versicherungsverhältnissen frei werden.

Durch die Eröffnung des Konkurses erlöschen[1]) die Lebensversicherungsverhältnisse; die Versicherten können, unbeschadet ihrer weitergehenden Ansprüche aus dem Versicherungsverhältnisse, denjenigen Betrag fordern, der als rechnungsmäßige Prämienreserve zur Zeit der Konkurseröffnung[2]) auf sie entfällt.

In Ansehung der Befriedigung aus den in das Register der Bestände des Prämienreservefonds (§ 57 Abs. 3) eingetragenen Gegenständen gehen die Forderungen auf die rechnungsmäßige Prämienreserve insoweit, als für sie die Zuführung zu diesem Fonds vorgeschrieben ist (§ 57 Abs. 1), den Forderungen aller übrigen Konkursgläubiger vor. Untereinander haben sie gleichen Rang. In betreff des Anspruchs der Versicherten auf Befriedigung aus dem sonstigen Vermögen der Unternehmung finden die für die Absonderungsberechtigten geltenden Vorschriften der §§ 64, 153, 155, 156 und des § 168 Nr. 3 der Konkursordnung entsprechende Anwendung.

[1]) Vgl. VVG. § 13. [2]) KO. § 108.

§ 62. Das Konkursgericht[1]) hat den Versicherten zur Wahrung der ihnen nach § 61 zustehenden Rechte einen

Pfleger zu bestellen. Für die Pflegschaft tritt an die Stelle des Vormundschaftsgerichts das Konkursgericht.

Dem Pfleger liegt ob, den Umfang des vorhandenen Prämienreservefonds festzustellen sowie die den Versicherten zustehenden Ansprüche zu ermitteln und anzumelden.

Der Pfleger hat die Versicherten soweit tunlich vor der Anmeldung[2]) zu hören und von der erfolgten Anmeldung zu benachrichtigen, ihnen auf Verlangen auch sonst über die für ihre Ansprüche erheblichen Tatsachen Auskunft zu erteilen. Das Recht des einzelnen Versicherten zur Anmeldung bleibt unberührt. Soweit mit der Anmeldung des Versicherten eine Anmeldung des Pflegers in Widerspruch steht, gilt bis zur Beseitigung des Widerspruchs die dem Versicherten günstigere Anmeldung.

Der Konkursverwalter hat dem Pfleger die Einsichtnahme aller Bücher und Schriften des Gemeinschuldners zu gestatten und ihm auf Verlangen den Bestand des Prämienreservefonds nachzuweisen.

Der Pfleger kann für die Führung seines Amtes eine angemessene Vergütung verlangen. Die ihm zu erstattenden Auslagen und die Vergütung fallen dem Prämienreservefonds zur Last.

Vor der Bestellung des Pflegers und vor der Festsetzung der Vergütung ist die Aufsichtsbehörde zu hören.

[1]) KO. § 71. [2]) KO. § 139.

§ 63. Auf Kranken- oder Unfallversicherungen der im § 12 bezeichneten Art finden die Vorschriften der §§ 56 bis 62 entsprechende Anwendung.

V. Beaufsichtigung der Versicherungsunternehmungen.

1. Aufgaben und Befugnisse der Aufsichtsbehörden.

§ 68. Das Konkursgericht[1]) hat, unbeschadet der Vorschrift im § 107 Abs. 1 der Konkursordnung, auf Antrag der Aufsichtsbehörde den Konkurs über das Vermögen einer Versicherungsgesellschaft auf Aktien oder eines Versicherungsvereins auf Gegenseitigkeit zu eröffnen. Der

Antrag²) auf Eröffnung des Konkurses kann nur von der Aufsichtsbehörde gestellt werden. Eine Anfechtung des Eröffnungsbeschlusses findet nicht statt.

Sobald die Zahlungsunfähigkeit³) eintritt, hat der Vorstand der Aufsichtsbehörde Anzeige zu machen. Das gleiche gilt, sobald sich bei der Aufstellung der Jahresbilanz oder einer Zwischenbilanz Überschuldung ergibt. Diese Anzeigepflicht tritt an die Stelle der dem Vorstande durch andere gesetzliche Vorschriften auferlegten Pflicht, im Falle der Zahlungsunfähigkeit oder der Überschuldung die Eröffnung des Konkurses zu beantragen. Gehen bei Versicherungsvereinen auf Gegenseitigkeit mit Nachschuß- oder Umlagenpflicht ausgeschriebene Nachschüsse oder Umlagen innerhalb fünf Monaten nach der Fälligkeit nicht ein, so hat der Vorstand zu prüfen, ob sich, wenn die nicht bar eingegangenen Nachschuß- oder Umlagebeträge außer Berücksichtigung bleiben, Überschuldung ergibt; liegt eine solche Überschuldung vor, so ist innerhalb eines Monats nach dem Ablaufe der bezeichneten Frist der Aufsichtsbehörde Anzeige zu machen. Die gleichen Pflichten liegen den Liquidatoren ob.

¹) KO. § 71. ²) KO. § 103. ³) KO. § 102.

§ 69. Ergibt sich bei der Prüfung der Geschäftsführung und der Vermögenslage eines Unternehmens, daß dieses zur Erfüllung seiner Verpflichtungen für die Dauer nicht mehr imstande ist, die Vermeidung des Konkurses aber im Interesse des Versicherten geboten erscheint, so kann die Aufsichtsbehörde die zu diesem Zwecke erforderlichen Anordnungen treffen sowie auch die Vertreter des Unternehmens auffordern, binnen bestimmter Frist eine Änderung der Geschäftsgrundlagen oder die sonstige Beseitigung der Mängel herbeizuführen. Bestimmte Arten von Zahlungen, insbesondere Gewinnverteilungen, und bei Lebensversicherungen der Rückkauf oder die Beleihung des Versicherungsscheins sowie Vorauszahlungen darauf können zeitweilig verboten werden.

Unter der im Abs. 1 Satz 1 bezeichneten Voraussetzung ist die Aufsichtsbehörde berechtigt, nötigenfalls die Verpflichtungen einer Lebensversicherungsunternehmung aus ihren laufenden Versicherungen, dem Stande ihres Vermögens entsprechend, jedoch um höchstens dreiunddreißigeindrittel Prozent, zu ermäßigen.

2. Verfassung und Verfahren der Aufsichtsbehörden.

§ 73. Das Aufsichtsamt für Privatversicherung entscheidet auf Grund mündlicher Beratung in der Besetzung von drei Mitgliedern einschließlich des Vorsitzenden unter Zuziehung von zwei Mitgliedern des Versicherungsbeirats

1. über die Erteilung der Erlaubnis zum Geschäftsbetriebe (§§ 4 bis 7),
2. über die Genehmigung einer Änderung des Geschäftsplans (§ 13), sofern bei dem Aufsichtsamte Bedenken bestehen,
3. über die Genehmigung einer Bestandsveränderung (§ 14),
4. über die Genehmigung der Auflösung eines Versicherungsvereins auf Gegenseitigkeit (§ 43),
5. über die Anerkennung eines Vereins als eines kleineren (§ 53),
6. über den Erlaß einer Anordnung der im § 64 Abs. 2 bezeichneten Art, sofern damit eine Strafandrohung nach § 64 Abs. 3 verbunden werden soll,
7. über die Untersagung des Geschäftsbetriebs (§ 67),
8. über die Stellung des Antrags auf Eröffnung des Konkurses (§ 68),
9. über den Erlaß einer Anordnung der im § 69 Abs. 1 Satz 2, Abs. 2 bezeichneten Art.

Die Zuziehung der Mitglieder des Versicherungsbeirats erfolgt in der Regel nach einer im voraus (§ 80) aufgestellten Reihenfolge. Weicht der Vorsitzende des Amtes aus besonderen Gründen von der Reihenfolge ab, so sind diese aktenkundig zu machen.

Die Bestimmungen der Zivilprozeßordnung über Ausschließung und Ablehnung der Gerichtspersonen finden auf alle zur Mitwirkung bei der Entscheidung berufenen Personen entsprechende Anwendung.

Vor der Erteilung einer ablehnenden Entscheidung

in den Fällen der Nr. 1 bis 5 und vor der Erteilung einer Entscheidung in den Fällen der Nr. 6 bis 9 sind Vertreter der beteiligten Unternehmungen zu hören und auf ihren Antrag zur mündlichen Verhandlung zu laden.

Die ablehnenden Entscheidungen in den Fällen der Nr. 1 bis 5 und die Entscheidungen in den Fällen der Nr. 6 bis 9 sind mit Gründen zu versehen.

In den Fällen der Nr. 1 bis 3 kann der Vorsitzende des Amtes einen ablehnenden Vorbescheid ergehen lassen; gegen diesen ist bis zum Ablaufe von zwei Wochen nach der Zustellung der Antrag auf eine gemäß Abs. 1 bis 5 zu erteilende Entscheidung statthaft.

Sämtliche Entscheidungen sind den Beteiligten zuzustellen. Die rechtskräftig erfolgte Erteilung der Erlaubnis zum Geschäftsbetrieb und die Genehmigung einer Bestandsveränderung sowie die Untersagung des Geschäftsbetriebs ist vom Aufsichtsamt im Reichsanzeiger öffentlich bekannt zu machen.

§ 74. Gegen die gemäß § 73 Abs. 1 erteilten Entscheidungen steht den Beteiligten der Rekurs zu. Als Beteiligte gelten im Falle des § 73 Abs. 1 Nr. 4, wenn die Genehmigung des Auflösungsbeschlusses versagt ist, nur der Vereinsvorstand, wenn der Auflösungsbeschluß genehmigt ist, nur diejenigen Mitglieder des obersten Organs, welche gegen den Auflösungsbeschluß Widerspruch zum Protokoll erklärt haben. Im Falle des § 73 Abs. 1 Nr. 5 gilt als Beteiligter nur der Vereinsvorstand, gegen dessen Antrag die Anerkennung des Vereins als eines kleineren versagt worden ist.

Über den Rekurs entscheidet das Aufsichtsamt für Privatversicherung in der Besetzung von drei Mitgliedern einschließlich des Vorsitzenden unter Zuziehung von zwei Mitgliedern des Versicherungsbeirats sowie eines richterlichen Beamten und eines Mitglieds eines höchsten Verwaltungsgerichtshofs in einem deutschen Bundesstaate.

Die richterlichen Beamten sowie die Mitglieder höchster Verwaltungsgerichtshöfe werden für die Dauer ihres Hauptamts auf Vorschlag des Bundesrats vom Kaiser ernannt.

Bezüglich der Zuziehung der Mitglieder des Versicherungsbeirats gilt die Vorschrift des § 73 Abs. 2, bezüglich der Ausschließung und Ablehnung der zur Mitwirkung bei der Entscheidung berufenen Personen die Vorschrift des § 73 Abs. 3.

§ 75. Der Rekurs ist innerhalb eines Monats nach der Zustellung der Entscheidung bei dem Aufsichtsamte für Privatversicherung schriftlich einzulegen und zu begründen. Der Rekurs gegen die nach § 67 Abs. 2 oder nach § 69 Abs. 1 Satz 2 von der Aufsichtsbehörde getroffenen Anordnungen sowie gegen die Entscheidung auf Stellung des Konkursantrags hat keine aufschiebende Wirkung. Von der Aufhebung der Entscheidung auf Stellung des Konkursantrags hat das Aufsichtsamt für Privatversicherung dem Konkursgerichte[1]) Mitteilung zu machen. Das Konkursgericht hat das Verfahren einzustellen.

An der Entscheidung über den Rekurs dürfen außer dem Vorsitzenden des Amtes Personen, die bei der angefochtenen Entscheidung mitgewirkt haben, nicht teilnehmen.

Der Vorsitzende des Amtes ernennt einen ersten und einen zweiten Berichterstatter; ein Berichterstatter muß aus den richterlichen Beamten oder aus den Mitgliedern höchster Verwaltungsgerichtshöfe ernannt werden.

Die Entscheidung erfolgt nach Ladung der Beteiligten auf Grund mündlicher und öffentlicher Verhandlung. Die Öffentlichkeit kann aus den Gründen des § 173 des Gerichtsverfassungsgesetzes ausgeschlossen werden.

[1]) KO. § 71.

VII. Übergangsvorschriften.

§ 102. Den Vorschriften des Abschnitts III unterliegen nicht solche eingetragene Genossenschaften und solche nach dem sächsischen Gesetze vom 15. Juni 1868, betreffend die juristischen Personen, bestehende eingetragene Vereine, welche die Versicherung ihrer Mitglieder nach dem Grundsatze der Gegenseitigkeit betreiben.

Auf die im Abs. 1 bezeichneten Genossenschaften und Vereine finden die Vorschriften des § 68 Abs. 1, 2 Satz 1 bis 3, 5, auf die bezeichneten Vereine auch die Vorschriften des § 16 und des § 68 Abs. 2 Satz 4 entsprechende Anwendung.

VIII. Strafvorschriften.

§ 109. Mit Gefängnis bis zu drei Monaten und zugleich mit Geldstrafe bis zu fünftausend Mark werden die Mitglieder des Vorstandes oder die Liquidatoren einer Versicherungsgesellschaft auf Aktien, eines Versicherungsvereins auf Gegenseitigkeit, einer eingetragenen Genossenschaft oder eines Vereins der im § 102 bezeichneten Art bestraft, wenn entgegen der Vorschrift des § 68 Abs. 2 der Aufsichtsbehörde eine der dort vorgeschriebenen Anzeigen nicht gemacht worden ist.

Sind mildernde Umstände vorhanden, so tritt ausschließlich die Geldstrafe ein.

Straflos bleibt derjenige, bezüglich dessen festgestellt wird, daß die Anzeige ohne sein Verschulden unterblieben ist.

§ 112. Die Vorschriften der §§ 239 bis 241 der Konkursordnung finden gegen die Mitglieder des Vorstandes und die Liquidatoren eines Versicherungsvereins auf Gegenseitigkeit, welcher seine Zahlungen eingestellt hat oder über dessen Vermögen das Konkursverfahren eröffnet worden ist, Anwendung, wenn sie in dieser Eigenschaft die mit Strafe bedrohten Handlungen begangen haben.

XIII. Gesetz über den Versicherungsvertrag

vom 30. Mai 1908.

Erster Abschnitt.

Vorschriften für sämtliche Versicherungszweige.

Erster Titel.

Allgemeine Vorschriften.

§ 13. Wird über das Vermögen des Versicherers der Konkurs eröffnet, so endigt das Versicherungsverhältnis mit dem Ablauf eines Monats seit der Eröffnung;[1]) bis zu diesem Zeitpunkte bleibt es der Konkursmasse gegenüber wirksam.[2]) Soweit das Gesetz über die privaten Versicherungsunternehmungen vom 12. Mai 1901 (Reichs-Gesetzbl. S. 139) besondere Vorschriften[3]) über die Wirkungen der Konkurseröffnung enthält, bewendet es bei diesen Vorschriften.[4])

[1]) KO. § 108. [2]) Vgl. KO. § 59 Nr. 2. [3]) VAG. §§ 61 Abs. 2, 63. [4]) Vgl. auch HGB. § 898.

§ 14. Auf eine Vereinbarung, nach welcher im Falle der Eröffnung des Konkurses über das Vermögen des Versicherungsnehmers das Versicherungsverhältnis erlöschen oder der Versicherer befugt sein soll, das Versicherungsverhältnis ohne Einhaltung einer Kündigungsfrist oder unter Einhaltung einer Kündigungsfrist von weniger als einem Monate zu kündigen, kann sich der Versicherer nicht berufen.

Das gleiche gilt, wenn eine Vereinbarung der im Abs. 1 bezeichneten Art für den Fall getroffen ist, daß die Zwangsverwaltung des versicherten Grundstücks angeordnet wird.

§ 15. Soweit sich die Versicherung auf unpfändbare Sachen bezieht, kann die Forderung aus der Versicherung nur an solche Gläubiger des Versicherungsnehmers übertragen werden, die diesem zum Ersatze der zerstörten oder beschädigten Sachen andere Sachen geliefert haben.

Dritter Titel.

Prämie.

§ 40. Wird das Versicherungsverhältnis wegen unterbliebener oder unrichtiger Anzeige von Gefahrumständen oder wegen Gefahrerhöhung auf Grund der Vorschriften des zweiten Titels durch Rücktritt oder Kündigung aufgehoben, so gebührt dem Versicherer gleichwohl die Prämie, jedoch nicht über die laufende Versicherungsperiode hinaus.

Das gleiche gilt, wenn das Versicherungsverhältnis wegen nicht rechtzeitiger Prämienzahlung gemäß § 39 gekündigt wird. Kündigt der Versicherer gemäß § 38 Abs. 2, so kann er nur eine angemessene Geschäftsgebühr verlangen. Ist mit Genehmigung der Aufsichtsbehörde in den Versicherungsbedingungen ein bestimmter Betrag für die Geschäftsgebühr festgesetzt, so gilt dieser als angemessen.

Endigt[1]) das Versicherungsverhältnis infolge der Eröffnung des Konkurses über das Vermögen des Versicherers, so kann der Versicherungsnehmer den auf die Zeit nach der Beendigung des Versicherungsverhältnisses entfallenden Teil der Prämie unter Abzug der für diese Zeit aufgewendeten Kosten zurückfordern.

[1]) § 13.

Zweiter Abschnitt.

Schadensversicherung.

Erster Titel.

Vorschriften für die gesamte Schadensversicherung.

III. Versicherung für fremde Rechnung.

§ 77. Der Versicherungsnehmer ist nicht verpflichtet, dem Versicherten oder, falls über das Vermögen des Versicherten der Konkurs eröffnet ist, der Konkursmasse[1]) den Versicherungsschein auszuliefern, bevor er wegen der ihm gegen den Versicherten in bezug auf die versicherte Sache zustehenden Ansprüche befriedigt ist. Er kann sich für diese Ansprüche aus der Entschädigungsforderung gegen den Versicherer und nach der Einziehung der Forderung aus der Entschädigungssumme vor dem Versicherten und dessen Gläubigern befriedigen.

[1]) KO. § 1.

Zweiter Titel.

Feuerversicherung.

§ 100. Hat im Falle der Gebäudeversicherung ein Hypothekengläubiger seine Hypothek dem Versicherer angemeldet, so wirkt eine Kündigung, ein Rücktritt oder eine sonstige Tatsache, welche die Beendigung des Versicherungsverhältnisses zur Folge hat, gegenüber dem Hypothekengläubiger erst mit dem Ablauf eines Monats, nachdem die Beendigung und, sofern diese noch nicht eingetreten war, der Zeitpunkt der Beendigung ihm durch den Versicherer mitgeteilt worden oder in anderer Weise zu seiner Kenntnis gelangt ist. Dies gilt jedoch nicht, wenn das Versicherungsverhältnis wegen nicht rechtzeitiger Prämienzahlung gekündigt oder durch den Konkurs des Versicherers beendigt wird.

Auf die Wirksamkeit einer Vereinbarung zwischen dem Versicherer und dem Versicherungsnehmer, durch welche die Versicherungssumme oder der Umfang der Gefahr, für die der Versicherer haftet, gemindert wird, finden diese Vorschriften entsprechende Anwendung.

Eine sich aus dem § 51 Abs. 2 oder dem § 59 Abs. 3 ergebende Nichtigkeit des Versicherungsvertrags kann gegenüber einem Hypothekengläubiger, der seine Hypothek dem Versicherer angemeldet hat, nicht geltend gemacht werden. Das Versicherungsverhältnis endigt jedoch ihm gegenüber mit dem Ablauf eines Monats, nachdem die Nichtigkeit ihm durch den Versicherer mitgeteilt worden oder in anderer Weise zu seiner Kenntnis gelangt ist.

Sechster Titel.

Haftpflichtversicherung.

§ 157. Ist über das Vermögen des Versicherungsnehmers der Konkurs eröffnet, so kann der Dritte wegen des ihm gegen den Versicherungsnehmer zustehenden Anspruchs abgesonderte Befriedigung[1]) aus der Entschädigungsforderung des Versicherungsnehmers verlangen.

[1]) KO. §§ 4, 49.

XIV. Gesetz über das Verlagsrecht

vom 19. Juni 1901.

§ 36. Wird über das Vermögen des Verlegers der Konkurs eröffnet, so finden die Vorschriften des § 17 der Konkursordnung auch dann Anwendung, wenn das Werk bereits vor der Eröffnung des Verfahrens abgeliefert worden war.

Besteht der Konkursverwalter auf der Erfüllung des Vertrags, so tritt, wenn er die Rechte des Verlegers auf einen Anderen überträgt, dieser an Stelle der Konkursmasse in die sich aus dem Vertragsverhältnis ergebenden Verpflichtungen ein. Die Konkursmasse haftet jedoch, wenn der Erwerber die Verpflichtungen nicht erfüllt, für den von dem Erwerber zu ersetzenden Schaden wie ein Bürge, der auf die Einrede der Vorausklage verzichtet hat.[1] Wird das Konkursverfahren aufgehoben,[2] so sind die aus dieser Haftung sich ergebenden Ansprüche des Verfassers gegen die Masse sicherzustellen.

War zur Zeit der Eröffnung des Verfahrens mit der Vervielfältigung noch nicht begonnen, so kann der Verfasser von dem Vertrage zurücktreten.

[1]) Vgl. BGB. §§ 771, 773 Ziff. 1.
[2]) KO. §§ 163 ff., 202 ff.

§ 37. Auf das in den §§ 17, 30, 35, 36 bestimmte Rücktrittsrecht finden die für das vertragsmäßige Rücktrittsrecht geltenden Vorschriften der §§ 346 bis 356 des Bürgerlichen Gesetzbuchs entsprechende Anwendung. Erfolgt der Rücktritt wegen eines Umstandes, den der andere Teil nicht zu vertreten hat, so haftet dieser nur nach den Vorschriften über die Herausgabe einer ungerechtfertigten Bereicherung.

XV. Reichsbeamtengesetz

in der Fassung der Bekanntmachung vom 18. Mai 1907.

§ 20. Im gleichen stehen bezüglich

1. der Mitwirkung bei der Siegelung des Nachlasses eines Reichsbeamten,
2. des Vorzugsrechts im Konkurse oder außerhalb desselben wegen der einem Reichsbeamten zur Last fallenden Defekte aus einer von demselben geführten Kassen- oder sonstigen Vermögensverwaltung

dem Reiche beziehungsweise dessen Behörden im Verhältnisse zu den Reichsbeamten dieselben Rechte zu, welche die am dienstlichen Wohnsitze des Reichsbeamten geltende Gesetzgebung des einzelnen Bundesstaats dem Staate beziehungsweise dessen Behörden den Staatsbeamten gegenüber gewährt.

XVI. Gesetz,

betr. die Pflichten der Kaufleute bei Aufbewahrung fremder Wertpapiere,

(Depotgesetz)

vom 5. Juli 1896.

§ 1. Ein Kaufmann, welchem im Betriebe seines Handelsgewerbes Aktien, Kuxe, Interimsscheine, Erneuerungsscheine (Talons), auf den Inhaber lautende oder durch Indossament übertragbare Schuldverschreibungen, oder vertretbare andere Wertpapiere mit Ausnahme von Banknoten und Papiergeld unverschlossen zur Verwahrung oder als Pfand übergeben sind, ist verpflichtet:

1. diese Wertpapiere unter äußerlich erkennbarer Bezeichnung jedes Hinterlegers oder Verpfänders gesondert von seinen eigenen Beständen und von denen Dritter aufzubewahren,
2. ein Handelsbuch zu führen, in welches die Wertpapiere jedes Hinterlegers oder Verpfänders nach Gattung, Nennwert, Nummern oder sonstigen Unterscheidungsmerkmalen der Stücke einzutragen sind; der Eintragung steht die Bezugnahme auf Verzeichnisse gleich, welche neben dem Handelsbuche geführt werden. Die Eintragung kann unterbleiben, insoweit die Wertpapiere zurückgegeben sind, bevor die Eintragung bei ordnungsmäßigem Geschäftsgange erfolgen konnte.

Etwaige Rechte und Pflichten des Verwahrers oder Pfandgläubigers, im Interesse des Hinterlegers oder

Verpfänders Verfügungen oder Verwaltungshandlungen vorzunehmen, werden durch die Bestimmung unter Ziffer 1 nicht berührt.

§ 3. Der Kommissionär (Artikel 360, 378 des Handelsgesetzbuchs),[1]) welcher einen Auftrag zum Einkaufe von Wertpapieren der im § 1 bezeichneten Art ausführt, hat dem Kommittenten binnen drei Tagen ein Verzeichnis der Stücke mit Angabe der Gattung, des Nennwertes, der Nummern oder sonstiger Unterscheidungsmerkmale zu übersenden. Die Frist beginnt, falls der Kommissionär bei der Anzeige über die Ausführung des Auftrages einen Dritten als Verkäufer namhaft gemacht hat, mit dem Erwerbe der Stücke, andernfalls mit dem Ablaufe des Zeitraums, innerhalb dessen der Kommissionär nach der Erstattung der Ausführungsanzeige die Stücke bei ordnungsmäßigem Geschäftsgange ohne schuldhafte Verzögerung beziehen konnte.

Ein Verzicht des Kommittenten auf die Übersendung des Stückeverzeichnisses ist, falls der Kommittent nicht gewerbsmäßig Bank- oder Geldwechslergeschäfte betreibt, nur dann wirksam, wenn er bezüglich des einzelnen Auftrages ausdrücklich und schriftlich erklärt wird.

Soweit die Auslieferung der eingekauften Stücke an den Kommittenten erfolgt oder ein Auftrag des Kommittenten zur Wiederveräußerung ausgeführt ist, kann die Übersendung des Stückeverzeichnisses unterbleiben.

[1]) nach geltender Fassung HGB. §§ 383, 406.

§ 5. Der Kommissionär, welcher einen Auftrag zum Umtausche von Wertpapieren der im § 1 bezeichneten Art oder zur Geltendmachung eines Bezugsrechts auf solche Wertpapiere ausführt, hat binnen zwei Wochen nach dem Empfange der neuen Stücke dem Kommittenten ein Verzeichnis der Stücke mit den im § 3 Abs. 1 vorgeschriebenen Angaben zu übersenden, soweit er ihm die Stücke nicht innerhalb dieser Frist aushändigt.

§ 10. Ein Kaufmann, welcher seine Zahlungen eingestellt[1]) hat oder über dessen Vermögen das Konkursverfahren eröffnet[2]) worden ist, wird mit Gefängnis bis zu zwei Jahren bestraft, wenn er den Vorschriften des § 1 Ziffer 1 oder 2 vorsätzlich zuwidergehandelt hat und dadurch der Berechtigte bezüglich des Anspruches auf Aussonderung[3]) der von jenem zu verwahrenden Wertpapiere benachteiligt wird, desgleichen wenn er als Kommissionär den Vorschriften der §§ 3 oder 5 vorsätzlich zuwidergehandelt hat und dadurch der Berechtigte bezüglich des Anspruches auf Aussonderung der von jenem eingekauften, eingetauschten oder bezogenen Wertpapiere benachteiligt wird.

[1]) KO. § 102. [2]) KO. § 108. [3]) KO. §§ 43 ff.

§ 11. Ein Kaufmann, welcher seine Zahlungen eingestellt hat oder über dessen Vermögen das Konkursverfahren eröffnet worden ist, wird mit Zuchthaus bestraft, wenn er im Bewußtsein seiner Zahlungsunfähigkeit oder Überschuldung fremde Wertpapiere, welche er im Betriebe seines Handelsgewerbes als Verwahrer, Pfandgläubiger oder Kommissionär in Gewahrsam genommen, sich rechtswidrig zugeeignet hat.

Sind mildernde Umstände vorhanden, so tritt Gefängnisstrafe nicht unter drei Monaten ein.

§ 12. Die Strafvorschrift des § 9 findet gegen die Mitglieder des Vorstandes einer Aktiengesellschaft oder eingetragenen Genossenschaft, die Geschäftsführer einer Gesellschaft mit beschränkter Haftung sowie gegen die Liquidatoren einer Handelsgesellschaft oder eingetragenen Genossenschaft Anwendung, wenn sie in Ansehung von Wertpapieren, die sich im Besitze der Gesellschaft oder Genossenschaft befinden oder von dieser einem Dritten ausgeantwortet sind, die mit Strafe bedrohte Handlung begangen haben.

Die vorbezeichneten Personen werden, wenn die Gesellschaft oder Genossenschaft ihre Zahlungen eingestellt hat, oder wenn über deren Vermögen das Konkursverfahren eröffnet[1]) worden ist, bestraft

1. gemäß § 10, wenn sie den Vorschriften des § 1 Ziffer 1 oder 2 oder den Vorschriften der §§ 3

oder 5 vorsätzlich zuwidergehandelt haben und dadurch der Berechtigte bezüglich des Anspruchs auf Aussonderung der von der Gesellschaft oder Genossenschaft zu verwahrenden oder von ihr eingekauften, eingetauschten oder bezogenen Wertpapiere benachteiligt wird,

2. gemäß § 11, wenn sie im Bewußtsein der Zahlungsunfähigkeit oder Überschuldung der Gesellschaft oder Genossenschaft fremde Wertpapiere, welche von dieser als Verwahrer, Pfandgläubiger oder Kommissionär in Gewahrsam genommen sind, sich rechtswidrig zugeeignet haben.

[1]) KO. §§ 108, 207, 209, GenG. § 98, GmbHG. § 63.

XVII. Gesetz

über die Zwangsversteigerung und die Zwangsverwaltung

vom 24. März 1897

in der Fassung der Bekanntmachung vom 20. Mai 1898.

Dritter Abschnitt.

Zwangsversteigerung und Zwangsverwaltung in besonderen Fällen.

§ 172. Wird die Zwangsversteigerung oder Zwangsverwaltung von dem Konkursverwalter[1]) beantragt, so finden die Vorschriften des ersten und zweiten Abschnitts entsprechende Anwendung, soweit sich nicht aus den §§ 173, 174 ein anderes ergibt.

[1]) KO. § 126.

§ 173. Der Beschluß, durch welchen das Verfahren angeordnet wird, gilt nicht als Beschlagnahme. Im

Sinne der §§ 13, 55 ist jedoch die Zustellung des Beschlusses an den Konkursverwalter als Beschlagnahme anzusehen.

§ 174. Hat ein Gläubiger für seine Forderung gegen den Gemeinschuldner ein von dem Konkursverwalter anerkanntes Recht auf Befriedigung aus dem Grundstücke, so kann er bis zum Schlusse der Verhandlung im Versteigerungstermine verlangen, daß bei der Feststellung des geringsten Gebots nur die seinem Anspruche vorgehenden Rechte berücksichtigt werden; in diesem Falle ist das Grundstück auch mit der verlangten Abweichung auszubieten.

§ 178. Die Zwangsversteigerung soll nicht angeordnet werden, wenn die Eröffnung des Nachlaßkonkurses[1]) beantragt ist.

Durch die Eröffnung des Nachlaßkonkurses wird die Zwangsversteigerung nicht beendigt; für das weitere Verfahren gilt der Konkursverwalter als Antragsteller.

[1]) BGB. §§ 1975, KO. §§ 214 ff.

§ 179. Ist ein Nachlaßgläubiger, der verlangen konnte, daß das geringste Gebot nach Maßgabe des § 174 ohne Berücksichtigung seines Anspruchs festgestellt werde, bei der Feststellung des geringsten Gebots berücksichtigt, so kann ihm die Befriedigung aus dem übrigen Nachlasse verweigert werden.

XVIII. Gesetz über die Konsulargerichtsbarkeit

vom 7. April 1900.

Zweiter Abschnitt.

Gerichtsverfassung.

§ 7. Der Konsul ist zuständig:

1. für die durch das Gerichtsverfassungsgesetz, die Prozeßordnungen und die Konkursordnung[1]) den Amtsgerichten zugewiesenen Sachen;
2. für die durch Reichsgesetze oder in Preußen geltende allgemeine Landesgesetze den Amtsgerichten übertragenen Angelegenheiten der freiwilligen Gerichtsbarkeit.

[1]) Vgl. KO. § 71.

Dritter Abschnitt.

Allgemeine Vorschriften über das anzuwendende Recht.

§ 19. In den Konsulargerichtsbezirken gelten für die der Konsulargerichtsbarkeit unterworfenen Personen, soweit nicht in diesem Gesetz ein anderes vorgeschrieben ist:

1. die dem bürgerlichen Rechte angehörenden Vorschriften der Reichsgesetze und der daneben innerhalb Preußens im bisherigen Geltungsbereiche des preußischen Allgemeinen Landrechts in Kraft stehenden allgemeinen Gesetze sowie die Vorschriften der bezeichneten Gesetze über das Verfahren und die Kosten in bürgerlichen Rechtsstreitigkeiten, in Konkurssachen

und in den Angelegenheiten der freiwilligen Gerichtsbarkeit;

2. die dem Strafrecht angehörenden Vorschriften der Reichsgesetze sowie die Vorschriften dieser Gesetze über das Verfahren und die Kosten in Strafsachen.

Fünfter Abschnitt.

Besondere Vorschriften über das Verfahren in bürgerlichen Rechtsstreitigkeiten, in Konkurssachen und in den Angelegenheiten der freiwilligen Gerichtsbarkeit.

§ 47. In den Fällen der §§ 110, 179 der Konkursordnung soll der Termin zur Beschlußfassung über die Wahl eines anderen Verwalters und über die Bestellung eines Gläubigerausschusses sowie der Vergleichstermin nicht über zwei Monate hinaus anberaumt werden.

Diese Termine können bis auf drei Monate hinaus geschoben werden, wenn der Bezirk des Konsulargerichts, vor dem das Verfahren schwebt, nicht in Europa, in Ägypten oder an der asiatischen Küste des Schwarzen oder des Mittelländischen Meeres liegt.

Der Zeitraum, der nach § 138 der Konkursordnung zwischen dem Ablaufe der Anmeldefrist und dem allgemeinen Prüfungstermine liegen muß, soll mindestens zwei Wochen und höchstens drei Monate betragen.

An die Stelle der in den §§ 152, 203 der Konkursordnung vorgesehenen Fristen tritt eine Frist von einem Monat, im Falle des Abs. 2 eine Frist von zwei Monaten.

XIX. Schutzgebietsgesetz

in der Fassung der Bekanntmachung vom 10. September 1900.

§ 2. Auf die Gerichtsverfassung in den Schutzgebieten finden die Vorschriften der §§ 5, 7 bis 15, 17, 18 des Gesetzes über die Konsulargerichtsbarkeit vom 7. April 1900 (Reichs-Gesetzbl. S. 213) mit der Maßgabe entsprechende Anwendung, daß an die Stelle des Konsuls der von dem Reichskanzler zur Ausübung der Gerichtsbarkeit ermächtigte Beamte und an die Stelle des Konsulargerichts das in Gemäßheit der Vorschriften über das letztere zusammengesetzte Gericht des Schutzgebiets tritt.

§ 3. In den Schutzgebieten gelten die im § 19 des Gesetzes über die Konsulargerichtsbarkeit bezeichneten Vorschriften der Reichsgesetze und preußischen Gesetze. Die Vorschriften der §§ 20 bis 22, des § 23 Abs. 1 bis 3 und 5, der §§ 26, 29 bis 31, 33 bis 35, 37 bis 45, 47, 48, 52 bis 75 des Gesetzes über die Konsulargerichtsbarkeit finden entsprechende Anwendung.

§ 4. Die Eingeborenen unterliegen der im § 2 geregelten Gerichtsbarkeit und den im § 3 bezeichneten Vorschriften nur insoweit, als dies durch Kaiserliche Verordnung bestimmt wird. Den Eingeborenen können durch Kaiserliche Verordnung bestimmte andere Teile der Bevölkerung gleichgestellt werden.

XX. Gerichtskostengesetz

vom 18. Juni 1878

in der Fassung der Bekanntmachung vom 20. Mai 1898.

Zweiter Abschnitt.

Gebühren in bürgerlichen Rechtsstreitigkeiten.

§ 8. In bürgerlichen Rechtsstreitigkeiten werden die Gebühren nach dem Werte des Streitgegenstandes erhoben.

Die volle Gebühr beträgt bei Gegenständen im Werte:

1.	bis 20 Mk. einschließlich							1 Mk.		
2.	von mehr als	20	bis	60	Mk.	einschl.	2	„	40	Pf.,
3.	„ „ „	60	„	120	„	„	4	„	60	„
4.	„ „ „	120	„	200	„	„	7	„	50	„
5.	„ „ „	200	„	300	„	„	11	„		
6.	„ „ „	300	„	450	„	„	15	„		
7.	„ „ „	450	„	650	„	„	20	„		
8.	„ „ „	650	„	900	„	„	26	„		
9.	„ „ „	900	„	1200	„	„	32	„		
10.	„ „ „	1200	„	1600	„	„	38	„		
11.	„ „ „	1600	„	2100	„	„	44	„		
12.	„ „ „	2100	„	2700	„	„	50	„		
13.	„ „ „	2700	„	3400	„	„	56	„		
14.	„ „ „	3400	„	4300	„	„	62	„		
15.	„ „ „	4300	„	5400	„	„	68	„		
16.	„ „ „	5400	„	6700	„	„	74	„		
17.	„ „ „	6700	„	8200	„	„	81	„		
18.	„ „ „	8200	„	10000	„	„	90	„		

Die ferneren Wertsklassen steigen um je 2000 Mark und die Gebühren um je 10 Mark.

§ 45. Drei Zehnteile der Gebühr (§ 8) werden erhoben für die Entscheidung, einschließlich des vorangegangenen Verfahrens, in der Beschwerdeinstanz, soweit die Beschwerde als unzulässig verworfen oder zurückgewiesen wird oder die Kosten des Verfahrens einem Gegner zur Last fallen. Insoweit dies nicht der Fall ist, werden Gebühren nicht erhoben.

Diese Vorschrift kommt bei Anträgen auf Änderung einer Entscheidung des beauftragten oder ersuchten Richters oder des Gerichtschreibers (Zivilprozeßordnung § 576) zur entsprechenden Anwendung.

§ 46. Wird eine Klage, ein Antrag, ein Einspruch oder ein Rechtsmittel zurückgenommen, bevor ein gebührenpflichtiger Akt stattgefunden hat, so wird ein Zehnteil der Gebühr erhoben, welche für die beantragte Entscheidung oder im Falle des § 43 für die beantragte Verhandlung zu erheben sein würde.

Diese Gebühr wird nicht erhoben, wenn ein zur Terminsbestimmung eingereichter Schriftsatz vor Bestimmung des Termins zurückgezogen ist.

Betrifft die Zurücknahme nur einen Teil des Streitgegenstandes, während über einen anderen Teil verhandelt, entschieden oder ein Vergleich aufgenommen wird, so ist die Gebühr für die Zurücknahme nur insoweit zu erheben, als die Verhandlungsgebühr oder die Entscheidungsgebühr sich erhöht haben würde, wenn die Verhandlung, die Entscheidung oder der Vergleich auf den zurückgenommenen Teil erstreckt worden wäre.

Dritter Abschnitt.

Gebühren im Konkursverfahren.

§ 50. Auf die Gebühren im Konkursverfahren finden die Vorschriften des § 8 über die Wertsklassen und den Gebührensatz, sowie der §§ 14, 16, 17 dieses Gesetzes und des § 3 der Zivilprozeßordnung über die Wertsfestsetzung entsprechende Anwendung.

§ 51. Für das Konkursverfahren, einschließlich des der Eröffnung vorangegangenen Verfahrens, werden erhoben:

1. wenn auf Grund der Schlußverteilung die Aufhebung des Konkursverfahrens erfolgt, mit Einschluß von Nachtragsverteilungen, das zweifache der Gebühr (§ 8);
2. wenn auf Grund eines Zwangsvergleichs die Aufhebung erfolgt, die volle Gebühr (§ 8) und acht Zehnteile derselben;
3. wenn nach dem Beginne des Vollzugs einer Abschlagsverteilung (Konkursordnung § 159 Abs. 2) oder nach dem Beginn eines Vergleichstermins eine Einstellung des Verfahrens (Konkursordnung §§ 202, 204) erfolgt, die volle Gebühr (§ 8) und fünf Zehnteile derselben;
4. wenn nach dem Ablaufe der Anmeldefrist und vor den unter Nr. 3 bezeichneten Zeitpunkten eine Einstellung erfolgt, die volle Gebühr (§ 8) und drei Zehnteile derselben;
5. wenn vor dem Ablaufe der Anmeldefrist eine Einstellung erfolgt, acht Zehnteile der Gebühr (§ 8).

§ 52. Die im § 51 bestimmte Gebühr wird nach dem Betrage der Aktivmasse erhoben. Massekosten, mit Ausnahme der Gebühren des Konkursgerichts, des Konkursverwalters und des Gläubigerausschusses, sowie Masseschulden werden abgesetzt. Gegenstände, welche zur abgesonderten Befriedigung dienen, werden nur in Höhe des für diese nicht erforderlichen Betrags angesetzt.

Ist die Aktivmasse höher als die Schuldenmasse, so wird die Gebühr nach dem Betrage der letzteren erhoben.

Für die Berechnung der Masse ist die Zeit der Beendigung des Verfahrens maßgebend.

§ 53. Für den Beschluß, durch welchen der Antrag auf Eröffnung des Konkursverfahrens abgewiesen wird, einschließlich des vorangegangenen Verfahrens, werden drei Zehnteile der Gebühr (§ 8) erhoben.

Wird das Verfahren durch Versagung der Zulassung des Antrags (Konkursordnung § 105 Abs. 1, § 208 Abs. 2, § 210 Abs. 2, §§ 213, 217 Abs. 2, § 218 Abs. 2, § 236, Gesetz, betreffend die Erwerbs- und Wirtschaftsgenossenschaften, § 100 Abs. 2) oder durch Zurücknahme des zugelassenen Antrags erledigt, so wird nur ein Zehnteil der Gebühr (§ 8) erhoben.

Die Vorschrift des § 52 findet Anwendung; sofern jedoch der Antrag von einem Gläubiger gestellt wird und die Forderung desselben nicht höher ist, als der Betrag der Aktivmasse, wird die Gebühr nach dem Betrage dieser Forderung erhoben.

§ 54. Für jeden besonderen Prüfungstermin (Konkursordnung § 142) werden nach dem Betrage der einzelnen Forderungen, zu deren Prüfung der Termin dient, die volle Gebühr (§ 8) und, soweit Anmeldungen vor der Prüfung zurückgenommen werden, drei Zehnteile der Gebühr (§ 8) erhoben. Auf die Wertsberechnung findet die Vorschrift des § 148 der Konkursordnung entsprechende Anwendung.

§ 55. Für die auf Betreiben des Konkursverwalters erfolgende Zwangsverwaltung oder Zwangsversteigerung eines zur Konkursmasse gehörigen Gegenstandes (Konkursordnung §§ 126, 127) wird die Gebühr nach den Vorschriften über die Gebührenerhebung für Zwangsvollstreckungen besonders erhoben.

§ 56. Für die in Gemäßheit des § 125 der Konkursordnung erfolgende Abhaltung des zur Abnahme des Offenbarungseides bestimmten Termins (§ 43), sowie für das Verfahren und die Entscheidung über Anträge auf Erzwingung der Eidesleistung (Zivilprozeßordnung § 901) werden Gebühren nicht erhoben.

§ 57. Für die Beschwerdeinstanz wird die in den §§ 45, 46 bestimmte Gebühr besonders erhoben.

Im Falle der Beschwerde gegen den Beschluß über Eröffnung des Konkursverfahrens (Konkursordnung § 109) oder den Beschluß über Bestätigung eines Zwangsvergleichs (Konkursordnung §§ 189, 230 Abs. 2, § 236) finden die Vorschriften des § 52 Anwendung.

§ 58. Für ein wiederaufgenommenes Konkursverfahren wird einschließlich der Wiederaufnahme die volle Gebühr (§ 8) besonders erhoben. Die Vorschriften der §§ 52, 54 bis 57 finden Anwendung.

Wird vor der Wiederaufnahme die Anordnung von Sicherheitsmaßregeln beantragt, (Konkursordnung § 197 Abs. 2), so wird die Gebühr in Gemäßheit des § 35 nach dem Werte des Gegenstandes, durch welchen die Sicherung erfolgen soll, besonders erhoben.

Die Gebühr für die Anordnung einer Sicherheitsmaßregel wird im Falle der Wiederaufnahme auf die im ersten Absatze bezeichnete Gebühr angerechnet.

XXI. Gebührenordnung für Rechtsanwälte

vom 7. Juli 1879

in der Fassung der Bekanntmachung vom 20. Mai 1898.

Zweiter Abschnitt.

Gebühren in bürgerlichen Rechtsstreitigkeiten.

§ 9. In bürgerlichen Rechtsstreitigkeiten werden die Gebühren nach dem Werte des Streitgegenstandes erhoben.

Der Gebührensatz beträgt bei Gegenständen im Werte:

1.	bis 20 Mark einschließlich						2	Mark
2.	von mehr als	20	bis	60	Mark	einschl.	3	„
3.	„ „ „	60	„	120	„	„	4	„
4.	„ „ „	120	„	200	„	„	7	„
5.	„ „ „	200	„	300	„	„	10	„
6.	„ „ „	300	„	450	„	„	14	„
7.	„ „ „	450	„	650	„	„	19	„
8.	„ „ „	650	„	900	„	„	24	„
9.	„ „ „	900	„	1200	„	„	28	„
10.	„ „ „	1200	„	1600	„	„	32	„
11.	„ „ „	1600	„	2100	„	„	36	„

12.	von mehr als	2100	bis	2700	Mark einschl.	40	Mark
13.	„ „ „	2700	„	3400	„ „	44	„
14.	„ „ „	3400	„	4300	„ „	48	„
15.	„ „ „	4300	„	5400	„ „	52	„
16.	„ „ „	5400	„	6700	„ „	56	„
17.	„ „ „	6700	„	8200	„ „	60	„
18.	„ „ „	8200	„	10000	„ „	64	„

Die ferneren Wertsklassen steigen um je 2000 Mark und die Gebührensätze in den Klassen bis 50 000 Mark einschließlich um je 4 Mark, bis 100 000 Mark einschließlich um je 3 Mark und darüber hinaus um je 2 Mark.

Dritter Abschnitt.

Gebühren im Konkursverfahren.

§ 53. Auf die Gebühren im Konkursverfahren finden die Vorschriften der §§ 9, 11, 12 entsprechende Anwendung.

§ 54. Im Verfahren über einen Antrag auf Eröffnung des Konkursverfahrens (Konkursordnung §§ 101 bis 106) erhält der Rechtsanwalt zwei Zehnteile, oder, wenn er einen Gläubiger vertritt, fünf Zehnteile der Sätze des § 9.

§ 55. Für die Vertretung im Konkursverfahren erhält der Rechtsanwalt sechs Zehnteile, wenn jedoch die Vertretung vor dem allgemeinen Prüfungstermine (Konkursordnung § 138) sich erledigt oder erst nach demselben beginnt, vier Zehnteile der Sätze des § 9.

§ 56. Der Rechtsanwalt erhält die Sätze des § 9 besonders:

1. für die Tätigkeit bei Prüfung der Forderungen;
2. für die Tätigkeit in dem Zwangsvergleichsverfahren;
3. für die Tätigkeit in dem Verteilungsverfahren.

§ 57. Beschränkt sich die Tätigkeit des Rechtsanwalts auf die Anmeldung einer Konkursforderung, so erhält derselbe zwei Zehnteile der Sätze des § 9.

§ 58. Für die Vertretung:
1. in der Beschwerdeinstanz,
2. in dem Verfahren über Anträge auf Anordnung von Sicherheitsmaßregeln im Falle des § 197 Abs. 2 der Konkursordnung

erhält der Rechtsanwalt besonders die im zweiten Abschnitte (§§ 23, 41) bestimmten Gebühren.

§ 59. Die Gebühren der §§ 54 bis 56 sowie des § 58 im Falle der Beschwerde gegen den Beschluß über Eröffnung des Konkursverfahrens (Konkursordnung § 109) oder den Beschluß über Bestätigung eines Zwangsvergleichs (Konkursordnung §§ 189, 230 Abs. 2, § 236) werden, wenn der Auftrag von dem Gemeinschuldner erteilt ist, nach dem Betrage der Aktivmasse (Gerichtskostengesetz § 52) berechnet.

Ist der Auftrag von einem Konkursgläubiger erteilt, so werden die Gebühren der §§ 54, 55, 57 und die Gebühr im Falle der Beschwerde gegen den Beschluß über Eröffnung des Konkursverfahrens nach dem Nennwerte der Forderung, die Gebühren des § 56 und die Gebühr im Falle der Beschwerde gegen den Beschluß über die Bestätigung eines Zwangsvergleichs nach dem Werte der Forderung des Gläubigers unter entsprechender Anwendung des § 148 der Konkursordnung berechnet.

§ 60. In einem wieder aufgenommenen Konkursverfahren erhält der Rechtsanwalt die Gebühren nach den Bestimmungen der §§ 55 bis 59 besonders.

§ 61. Insoweit dem Rechtsanwalte Gebühren für die Vornahme einzelner Handlungen im Konkursverfahren zustehen, darf der Gesamtbetrag derselben die im § 55 bestimmte Gebühr nicht übersteigen.

Wird der Rechtsanwalt, nachdem er einzelne Handlungen im Konkursverfahren vorgenommen hat, mit der Vertretung im Konkursverfahren beauftragt, so erhält er zusammen nicht mehr an Gebühren, als ihm zustehen würde, wenn er vorher mit der Vertretung im Konkursverfahren beauftragt worden wäre.

§ 62. Die Gebühren werden für jeden Auftrag gesondert, ohne Rücksicht auf andere Aufträge, berechnet.

XXII. Bestimmungen

über die staatsbürgerliche Stellung des Gemeinschuldners

enthalten u. a.

Reichstagswahlgesetz §§ 3 Nr. 2, 4 (Mangel der aktiven und passiven Wahlfähigkeit);

Gerichtsverfassungsgesetz §§ 32 Nr. 3, 85 Abs. 2, 113 Abs. 3 (Unfähigkeit zum Amte eines Schöffen, Geschworenen oder Handelsrichters);

Gesetz, betr. die Untersuchung von Seeunfällen vom 27. Juli 1877, § 10 Abs. 1 (Unfähigkeit zum Amt eines Beisitzers im Seeamt);

Gewerbegerichtsgesetz § 11 Abs. 2, 14 Abs. 1, 21 Abs. 1; **Kaufmannsgerichtsgesetz** §§ 10 Abs. 1 Nr. 5, 13 Abs. 2, 15 Abs. 2; **Gewerbeordnung** § 91 Abs. 2 (Mangel der aktiven und passiven Wahlfähigkeit für das Amt eines Mitgliedes des Gewerbe-, Kaufmanns-, Innungsschiedsgerichts);

Rechtsanwaltsordnung §§ 5 Nr. 3, 22 (Ausschluß von der Zulassung zum Rechtsanwalt), § 43 Abs. 3 und 4 (Mangel des passiven Wahlrechts für das Amt des Vorstands einer Anwaltskammer);

Gesetz, betr. die Patentanwälte vom 21. Mai 1900, §§ 3 Abs. 2 Nr. 3, 6 Nr. 4 (Versagung der Eintragung in die Anwaltsliste);

Börsengesetz § 7 Abs. 1 Nr. 3 (vgl. auch Nr. 4—6) (Ausschluß vom Börsenbesuch);

Gewerbeordnung §§ 93a Abs. 1 und 2, 95a Abs. 2, 100c, 103b Nr. 1, 103i Abs. 6 (Mangel der Wählbarkeit als Vertreter zur Innungsversammlung, als Mitglied des Vorstandes, der Ausschüsse einer Innung, des Organs zur Entscheidung von Streitigkeiten zwischen den Innungsmitgliedern und ihren Lehrlingen nach § 81a Nr. 4, als Mitglied des Gesellenausschusses der Handwerkskammer; Mangel des Stimmrechts in der Innungsversammlung).

Ferner sehen die Arbeiterversicherungsgesetze bzw. die „Reichsversicherungsordnung" eine Reihe von Beschränkungen der Wählbarkeit zu verschiedenen Ämtern vor.

Sachregister.

(Arabische und kleine römische Ziffern bezeichnen die Paragraphen oder Artikel der einzelnen Gesetze; die großen römischen Ziffern bezeichnen die Gesetze in der Reihenfolge dieser Ausgabe; bei den Paragraphen der Konkursordnung ist die Ziffer I weggelassen).

A.

B.

C.

D.

E.

F.

L.

M.

N.

Q.

R.

T.

U.

Z.